목회자,
기도하는 상담가

고통당하는 영혼을 향한 특별한 부르심

데이비드 폴리슨

김진선 옮김

토기장이

The Pastor as Counselor: The Call for Soul Care

Copyright © 2021 by Nancy Powlison
Published by Crossway
a publishing ministry of Good News Publishers
Wheaton, Illinois 60187, U.S.A.

This edition published by arrangement
with Crossway through rMaeng2, Seoul, Republic of Korea.
This Korean translation edition © 2023 by Togijangi Publishing House, 2F, 71-1 Donggyo-ro. Mapogu,
Seoul 04018, Republic of Korea
All rights reserved.

이 한국어판의 저작권은 알맹2를 통하여 Crossway와 독점 계약한 도서출판 토기장이에 있습니다.
저작권법에 의하여 한국 내에서 보호받는 저작물이므로 무단 전재와 무단 복제를 금합니다.

특별한 표기가 없는 모든 성경 구절은 개역개정성경을 인용한 것입니다.

고통당하는 영혼을 향한 특별한 부르심
목회자, 기도하는 상담가

데이비드 폴리슨 지음 | 김진선 옮김

목회자의 목회적 돌봄에는 상담이 필수적이다. 이것은 피하고 싶어도 피할 수 없는 소명일 것이다. 오늘날 상담은 전문가에게 맡겨야 하고 목회자는 설교만 해야 한다고 생각한다면 가장 중요한 상담의 원천을 놓치게 된다. 데이비드 폴리슨은 모든 목회자는 상담가여야 한다고 정의한다. 그리고 그 일을 잘 수행할 수 있도록 상담의 도구들을 제공해 준다. 목회자의 상담은 세속 상담가들과 다른 성삼위일체 하나님이 계신다. 그리고 기도라는 특별한 도구가 있다. 폴리슨은 상담은 목회자의 능력에서 이루어지는 것이 아니라 삼위일체 하나님을 의지해야 하는 일이며, 성령께서 대화 속에서 역사하셔야 하는 일임을 강조한다. 결국 목회 상담이란 많은 문제들 앞에서 하나님의 관점을 회복시키는 것이다. 골리앗이라는 큰 문제 앞에 두려워할 때, 다윗처럼 하나님이 함께하신다는 믿음의 눈을 회복할 필요가 있다. 결국 목회적 상담이란 하나님께로 나아가는 초대장이며 사람들을 하나님께로 인도하는 통로이다. 예수님은 우리의 진정한 상담가이시다. 목회자의 상담은 결국 그 예수님을 닮아가는 과정이다.

"목회자여! 당신은 상담가이다."

고상섭 그 사랑교회 담임목사, CTCKorea 이사

목회자로서 더없이 다정다감하고 사랑에 인색함이 없으며 복음에 대한 강한 확신을 갖고 있고 목회자들에게 사랑을 베풀며 따뜻하고 복음에 흔들리지 않는 상담가가 되도록 요청하는 이가 있다. 데이비드 폴리슨은 평생의 삶으로 이 책의 메시지를 전해 주었고 교회가 이 메시지를 믿고 또한 삶으로 살아내도록 동원하는 데 일생을 바쳤다. 목회자라면 반드시 읽어야 하는 필독서이다. 그것도 한 번만 읽어서는 안 된다. 반복해서 읽고 또 읽으라. 그 아름다운 비전이 일상의 사역 모델이 되도록 기도하며 읽으라.

폴 데이비드 트립 폴 트립 선교회 회장, 「아침마다 새로운 자비와 마음의 부르짖음」 *New Morning Mercies and My Heart Cries Out* 저자

한 가지 일에 일생 매진한 사람의 이야기를 듣는 것은 누구나 쉽게 누릴 수 있는 특권이 아니다. 흔치 않은 바로 이런 특권을 누릴 기회가 왔다. 상담에 능통한 목회자가 된다는 것이 무슨 의미인지 데이비드 폴리슨과 대화를 나누는 것이다. 데이비드는 상담에 능통한 목회자에 대해 탐구하는 데 일생을 바쳤다. 목회자로서 상담할 수 있는 특별한 기회와 그 아름다운 역할에 대해 그에게 배우라. 그러면 당신의 모든 목회 영역(가르침, 설교, 멘토링, 행정)에서 더없는 풍성함을 누릴 것이다. 그리스도의 대사로서 상처입은 사람들을 더욱 확실하게 섬길 능력을 소유하게 될 것이다.

브래드 햄브릭 북 캐롤라이나 더함 서밋교회 상담 목회자

데이비드 폴리슨은 놀라운 사람이었다. 예수 그리스도의 교회가 이 타락한 세상을 돌볼 역할을 주도적으로 수행해야 한다는 일념으로 그는 성경적 상담 운동의 핵심적인 리더가 되었다. 품위 있고 아름답게 이 열정을 전달하는 놀라운 은사 덕분에 그는 이 시대에서 가장 신뢰받는 기독교 저자 중의 한 사람으로 인정받게 되었다. 나 스스로도 목회 생활에 분주한 목회자로서, 목회자라면 누구나 교회와 함께 데이비드 폴리슨이 해야만 했던 말을 들어야 한다고 생각한다. 자기 교회를 향한 그리스도의 마음을 알려 줄 선명하고 빛나며 탁월한 메시지를 찾고 있다면 단언컨대 이 책보다 더 적절한 책은 없다.

히스 램버트 잭슨빌 제일침례교회 담임목사, ACBC(성경적 상담자 협회) 전무 이사, 「성경적 상담 신학」*A Theology of Biblical Counseling*과 「드디어 찾은 자유」*Finally Free* 저자

데이비드 폴리슨의 책은 교회에 더없이 필요한 마지막 선물과 같다. 이 책은 교회와 목회자들이 마땅히 지향해야 할 목표라고 데이비드가 믿었던 모든 것의 핵심으로 우리를 인도한다. 또한 가슴이 벅차 오르는 도전적인 비전, 실제적이고 신학적으로 풍성하며 문화적으로

민첩한 비전으로 우리를 이끌어 준다. 목회자로서 나의 사역은 이 책 덕분에 이전과 비교할 수 없을 정도로 놀라운 진보를 경험했다. 이 책은 목회자로서 야망을 확장시켜 주고 그리스도를 더욱 닮고 싶은 열정으로 뜨거워지게 도와줄 것이다. 모든 목회자에게 큰 유익이 될 책이다.
스티브 미즐리 영국 성경적 상담 Biblical Counseling UK의 전무이사, 케임브리지 크라이스트 교회 목사, 「분노의 마음」 *The Heart of Anger* 공동 저자

목회자들은 그 어떤 사람보다 특별한 상담의 기회들이 있다. 데이비드 폴리슨은 그 특유의 풍부한 통찰과 사고 능력을 자극하는 분석으로 목회자들이 교인들을 상담하고 목양하도록 권면한다. 그리스도를 누구보다 존귀한 분으로 인정하는 이 책을 사서 목회자에게 선물해 보라. 이 책을 읽고 강건함을 얻고 힘을 얻을 것이다.
디팍 레주 워싱턴 D.C. 캐피톨힐 침례교회 성경적 상담 및 가정 사역 담당 목회자, 「목회자와 상담」 *The Pastor and Counseling* 저자

우리 설교가 복음으로 사람들의 가슴을 두드리면, 설교로 얻는 정답 못지않게 많은 질문이 생긴다. 목회자의 목회 상담이 필요할 때가 바로 이런 때이다. 개인적인 필요를 느끼는 곳에서 예수님의 말씀을 듣고자 하는 죄인들이자 고통당하는 자들과 나누는 따뜻하고 솔직한 대화가 바로 이때 필요한 것이다. 데이비드 폴리슨은 신실한 안내자로서 우리 목회자들이 이 중요한 사역을 감당하도록 도와준다. 사람들은 이 목회 사역으로 삶의 새로운 회복을 위한 힘을 얻을 수 있다.
레이 오틀런드 Renewed Ministries 회장

차례

추천의 글(에드워드 T. 웰치)   009
들어가는 글   013

―――――

1장. 상담이란 무엇인가?   019
2장. 목회 상담의 독특성   031

―――――

부록
주

추천의 글

데이비드 폴리슨의 이 간결한 책을 소개하게 되어 기쁘기 그지없다. 데이비드의 대부분 글이 그런 것처럼 이 책 역시 통찰력으로 빛나는 풍성한 성찬을 제공한다. 읽고 곱씹을수록 그 묘미를 더 깊이 느낄 수 있다. 하지만 이 책이 그의 유작이어서 마음이 슬프다. 데이비드는 2019년 6월 그 누구보다 사랑했던 주님과 함께하려고 우리 곁을 떠나갔다. 「목회자, 기도하는 상담가」라는 이 책을 읽으니 그에 대한 그리움이 더더욱 밀려온다.

    데이비드는 다방면으로 풍부한 지식을 소유한 박식한 사람이었다. 거의 40년을 그와 동역한 후에도 특정한 꽃이나 나무, 새들에 대해 그가 툭툭 던지는 말에 나는 여전히 키득거리며 기분 좋은 웃음을 터뜨렸다. 초대 교부들의 말을 인용한다든지, 당일 저녁에 일어날 태양 활동에 관해 세세하게 이야기해 준다든지, 필라델피아의 스포츠에 관한 시시콜콜한 기사를 인용하는 식이었다. 그가 하와이에서 어린 시절을 보냈고 기독교 상담 교육 재단Christian Counseling & Educational Foundation에서 활동하기 전에는 보스턴에서 살았기 때문에 그의 이런 인용이나 설명은 한층 더 놀랍고 재미있었다. 그러나 예수님을 알고 사랑하며 말씀을 양식으로 삼고 자기 앞에 앉은 인격체를 성심으로 대했던 한 사람, 친한 친구들과 가족들을 악의 없이 놀리며 스스로도 행복하게 익살스러운 놀림을 즐기던 한 사람에 대한 이런 칭찬은 주변적인 것에 불과하다. 그는 자신이 하나님의 형상으로 창조되었음을 늘 기억하며 인생을 살았지만 또한 허무하게 스러지는 들판의 한 줄기 풀과 같은 존재임을 한시도 잊지 않았다. 이 정도로는 나와 많은 사람들처럼 그를 사랑하도록 설득하기에는 그 내용이 충분하지 않을지 모른다. 하지만 그가 '상담가로서 목회자'에 대해 신뢰할 만한 매력적인 안내자임을 알리기에는 충분하리라 생각한다.

이 책은 실제적인 적용 중심이기는 하지만 단순히 방법론을 소개하는 데 목적이 있지 않다. 때로 혼란스러운 이 상담 분야에서 우리의 위치가 어디인지 선명하게 확인해 주는 표지에 더 가깝다. 당장 지금이라도 사람들을 상담으로 온전히 도울 수 있고, 이미 충분히 도왔음을 알려 주며, 앞으로 나아갈 길을 그려 준다. 이 책은 성경적 상담의 안내자이자 오래 함께할 멘토의 역할을 해줄 것이다.

데이비드는 말씀에 대한 공적인 목회사역과 개인적인 상담사역 두 가지 모두가 목회자의 사역이라는 것을 설명할 것이다. 목회는 두 가지가 모두 포함된다. 그는 심층적인 접근으로 영혼이 치료받도록 더 포괄적인 문화의 문제들, 특히 심리치료와 그 명성에 대해 연달아 살펴볼 것이다. 이와 대조적으로 그는 또한 성경으로 우리가 아는 모든 지식을 다시 살피는 노력을 동시에 기울인다. 오직 하나님만이 예수 그리스도의 복음으로 마음의 심연을 드러내시고 그 치유 방법을 보여 주시기 때문이다. 우리는 탁월하고 전문적인 상담가는 아닐지 모른다. 그러나 성경은 연약하지만 기도하며 사랑으로 헌신하는 친구들이 어떻게 우리 교회의 목회 엔진 역할을 하는지 강조한다. 또한 그레고리 대제Gregory the Great의 표현을 빌리면 '예술 중의 예술', 다시 말해 목회적 돌봄과 상담을 통해 더욱 지혜로워지도록 우리를 이끌어 준다.

이 책에서 데이비드가 던지는 수많은 질문들은 상담 이론과 기술과 관련해 자신의 위치가 어느 정도인지 평가하는 데 도움이 될 것이다. 모든 좋은 질문이 그러하듯이 각각의 질문은 충실하게 스스로를 돌아보고 평가하며 동료들과 친구들과 대화하도록 격려한다. 이렇게 해서 「목회자, 기도하는 상담가」라는 이 책은 얇지만 그동안 읽었던 그 어떤 책보다 무게감 있는 책이 될 수 있다. 벌써 다섯 번이나 이 책을 읽었지만 마치 처음 읽는 것처럼 유익하고 생생하다.

_에드워드 T. 웰치

들어가는 글

목회자여, 당신은 상담가이다.

아마 스스로를 상담가라고 생각하는 목회자는 거의 없을 것이다. 상담가가 되고 싶은 마음이 없는 목회자가 많을 것이다. 그러나 목회자는 상담가가 맞다.

설교, 리더십, 교회 행정에 관심이 집중되어 있어서 실제로 직접 목양 사역을 할 시간을 내기 힘든 목회자들도 많을 것이다. 사람들과 자리에 앉아 진지하게 대화를 나눌 시간이 별로 없다. 사실상 상담에 적극적이지 않아서 교인들에게 대부분의 경우 솔직하고 생산적인 대화를 나눌 중대한 이유가 없다는 오해를 사기 십상일 것이다. 자기 고집대로 행하고 하나님을 쉽게 외면하며 미성숙한 (바로 우리 자신과 같은) 영혼들을 돌보고 치유하는 일은 언뜻 보기에는 공적인 목회사역과 개인적인 상담사역이 따로인 것처럼 보인다. 하지만 성경과 교회 역사의 지혜는 정반대의 사실을 보여 주고 있다.

스스로 상담가라 하기에는 미숙하고 서툴지도 모른다. 수

줌음이 많고 자신감이 부족하고 수동적인 편인가? 공격적이고 통제적이며 자기주장이 강한 편인가? 고통당하는 사람에게 지나치게 공감해서 대화를 다른 주제로 전환하는 데 어려움을 겪고 있는가? 상대방의 말을 잘 경청하지도 않고 그다지 관심도 없다는 인상을 주어서 사람들에게 신뢰받지 못하는 편인가?

잠언과 달리, 깊은 통찰과 깊은 고민에서 비롯된 조언은 무시하고 뻔한 훈계나 설교를 하는 사람은 아닌가? "성경을 읽으세요. 그냥 책임지고 하세요. 묵상 시간을 가지세요. 사역에 참여하세요."

시편과 달리, 매사에 경건주의자로 행세하지 않는가? "그냥 기도하고 모든 것을 예수님께 맡기세요. 사탄에게서 빼앗긴 유업을 되찾으세요. 마음을 집중하는 법을 배우고 내면의 침묵 속에서 하나님의 음성을 귀 기울여 들어보세요."

예수님과 달리, 신학적인 추상적 개념이나 일반적 개념을 나열하지 않는가? "하나님의 주권성, 이신칭의, 성화 과정에서 하나님이 주도하시고 인간이 반응함으로 생기는 시너지 효과 등등…."

같은 내용의 편지나 설교를 두 번 한 적이 결코 없는 바울과 달리, 기계적 대답과 판에 박힌 진실을 답변이라고 내놓지는 않는가?

자신에 대해 과장해서 말하는 편은 아닌가? 아니면 되도록 자신을 감추는 편인가? 마치 자기 계발서를 읽어 주듯이 상담하지는 않는가? 본질에서 벗어나는 길은 수없이 많다. 하지만 크게 도움이 되지 않거나 불쾌하거나 유해한 내용의 상담이라 하더라도 여전히 목회자가 상담가인 것은 사실이다.

만약 당신이 훌륭한 상담가라면 곤핍한 자를 말로 넘어지지 않게 도울 방법을 배우는 중이라고 할 수 있다(사 50:4). 이런 노력은 참으로 가상하다. 이것은 우리 안에서 우리를 통해 구세주의 놀라운 사랑을 표현하는 바로 그 행동이다. 우리는 정직하고 상대방을 세우며 건설적이고 시의적절하고 은혜를 끼치는 방향으로 대화하며, 사랑 안에서 진리를 말하는 법을 배웠다(엡 4:15, 25, 29). 우리가 무지하고 자기 고집대로 행하는 이들을 용납하는 이유는 우리 역시 그들과 전혀 다를 바 없는 존재임을 알기 때문이다(히 5:2-3). 우리는 원칙에 집착하지 않고 모든 사람에게 오래 참으며 약한 자를 돕고 마음이 연약한 자를 위로할 수 있는 유연성을 체득했다(살전 5:14). 하나님이 우리를 한없이 회복시켜 주시듯이 우리 역시 진리에서 떠난 이들이 돌아오도록 끝까지 포기하지 말아야 한다(약 5:19-20). 우리는 매일 격려하고 격려받는 가장 근원적인 인간의 필요를 채우는 일을 감당한다(히 3:13). 더 나은 상담가가 됨으로써 우리는 예수 그리스도의 모습을 더욱 닮아갈 수 있다.

목회자여, 당신은 상담가이다. 또한 단순히 상담가에서 끝나지 않고 다른 상담가들을 가르치고 훈련하며 감독하고 상담한다. 당신의 설교는 준비하느라 많은 시간을 투자하고 사람들이 당신의 설교를 듣기 위해 시간을 보낼 정도로 가치가 있는가? 그 증거는 그들이 서로에게 지혜로운 상담가가 될 정도로 성장하고 있는지로 확인할 수 있다. 에베소서 3:14-5:2의 부르심과 도전이 바로 이것이다. 직접적인 목회 상담을 한다고 그리스도의 몸된 교회에서 나만 유일한 상담가로 섬기라는 말이 아니다. 우리는 그리스도의 사람들이 '기묘와 모사'(놀라운 상담가, 사 9:6)의 모습을 본받아 살아가도록 훈련하고 있다. 이것은 영혼을 돌보고 치유하는 새로운 비전이다! 오직 기독교에서만 가능한 비전이다.

　이 작은 책자는 목회자의 소명 중 상담적 차원을 집중해서 다룬다. 그러나 굳이 목회자가 아니더라도 누구나 환영하니 이 책자가 도움이 되었으면 좋겠다. 인간은 지혜롭든지 어리석든지 아니면 이도 저도 아닌 사람이든지 모두 상담가이다. **모든 그리스도인은 더 지혜로운 상담가가 되어야 한다.** 하나님은 우리가 누군가에게 하는 **모든** 말이 내용이나 의도나 어조나 적절성에 덕을 세울 수 있기를 바라신다(엡 4:29). **모든** 환란 중에 있는 이들이 우리를 통해 실제적인 위로를 얻을 수 있어야 한다(고후 1:4). 지혜는 기대 수준이 높다. 우리는 실제적인 대화를 주도하는 공동체가 되어야 한다. 목회자가 아닌 사람들은 그리스도의 몸이 제대로 작동하는 곳마다 목회 사역이 어떻게 그리스도의 지혜로 영혼을 치유할 수 있는지 배우며 지혜가 더욱 자라가게 될 것이다.

이 책자는 두 장으로 구성되어 있다. 첫째, 목회적 준거 틀을 기준으로 **상담**이라는 단어를 어떻게 이해해야 하는지 살펴볼 것이다. 둘째, 목회자의 상담만이 가진 독특한 특성을 몇 가지 확인해 볼 것이다.

1장

상담이란 무엇인가?

상담의 심리치료적 개념은 목회적 개념과는 다른 세계에서 작동한다. 물론 인간의 문제는 동일하다. 인간은 망가지고 혼란과 고통에 시달리며 남에게 고통을 안기기도 하는 도움이 필요한 존재인 것이다. 그렇다면 우리 마음의 질병을 고치는 '대화 치료'를 어떻게 정의해야 하는가?

심리치료사의 치료는 일반적으로 일주일에 정해진 시간에 한정된 사적 관계를 갖는 것을 의미한다. 의사나 변호사처럼 정신 건강에 종사하는 전문가들은 상담에 대한 소정의 비용을 받고 환자 혹은 내담자를 치료한다. 국가 자격증은 전문적인 설명이 가능한 통찰을 기르고 예외적인 특별한 중재 기술을 훈련하는 교육과 경험의 가치를 인정해 준다. 의료 전문가들처럼 정신 건강 전문가들은 자신들이 객관적이고 과학적인 지식을 소유하고 있으며 가치중립적인 전문 지식을 제공한다고 자처한다. 표면적으로 건강한 사람이 이른바 환자로 규정된 사람을 치료한다. 내담자의 어려움과 고통은 대체로 도덕적으로 중립적인 범주로 진단을 받게 된다. 바로 DSM에서 규정한 증후군이나 역기능 혹은 장애다.[1]

심리치료 전문가들은 임상 장면에서 취하는 그들만의 룰과 태도가 있다. 치료실에서 그들은 일반적인 사회생활에서 하는 상호작용과 다른, 상담자로서의 별도의 자세를 의도적으로 취한다. 상담자 자신의 이야기를 하는 '자기 개방'이나 상담실 내부의 관계를 외부에서도 유지하는 '이중 관계', 진실하게 우러나와 주고받는 대화, 의견, 주장 등을 피하는 것이다. 전문가적 냉정함은 "치료사는 환자에게 자신의 개인적 가치를 강요하지 않으며 유도하지도 않는다. … 보다 건설적이고 신경학적 영향에서 자유로운 가치를 탐구하고 획득하는 것은 윤리적이거나 도덕적 압력이 없는 상태에서 혹은 어떤 식의 설득도 없는 상태에서 진행된다"라고 규정한다.[2] 심리치료의 믿음은 "모든 인간 존재의 내면에는 어떤 충돌도 없이 자유롭게 표현하도록 한다면 창의적이고 수용적이며 생산적인 삶의 기초를 마련해 줄 핵심적 자아가 존재한다는 가정"에서 출발하고 있다.[3] 이들에게 '종교'는 일부 내담자들에게 위로를 주는 자원이 되거나 병리에 영향을 주는 요소로 인식된다. 그러나 '하나님'은 역기능적인 감정, 행위, 사고를 설명하거나 치료할 때 객관적인 의미나 필요한 상관성을 인정받지 못한다.

이런 일련의 가정들과 기대는 일명 대화 치료 전문가들의 직업적 자아상의 표현이라 할 수 있다. 이런 표현들은 "심리치료 혹은 상담"이 본질적으로 의사의 진료 행위와 유사하다는 우리 문화의 암묵적 믿음을 형성하는 데 기여한다. 그러나 이런 복합적인 의미는 상담의 실제적 의미와 이상적인 방향을 형성하는 데 심각한 왜곡을 가한다. 상담 자체는 의료 행위와 다르다. 상담은 목양이다. 훈련이다. 굳이 물리적 비유를 사용해야 한다면 상담은 의과적인 분야가 아니라 치료를 목적으로 "환자를 다독이는 태도"bedside manner라 할 수 있다. 상담을 통해 사람들은 서로의 생각과 가치와 기분과 기대치와 선택에 영향을 미친다. "심리치료"psycho-therapy와 "정신의학"psych-itry은 둘 다 목양pastoral work을 시도한다. 그 어원에서 정확히 드러나듯이 둘 다 "영혼의 돌봄과 치료"에 종사한다. 지그문트 프로이트Sigmund Freud는 상담 치료사들을 "세속적 목회 사역자"라고 정확히 정의했다.[4]

개인적인 자기 인식, 사람들을 대하는 태도, 자신이 믿는 신념과 같은 개인적 요소들은 목양 사역에 결정적이다. 다른 누군가를 목양하는 데 필요한 핵심적 요소에는 사랑, 지혜, 겸손, 성실함, 자비, 권위, 명료함, 정직, 용기, 솔직함, 호기심, 소망, 건강한 인간성, 다양한 경험, 인내심, 신중한 경청 능력, 즉

각적 호응, 과정과 결과에 대한 불확실성을 기꺼이 감수하는 태도가 포함된다. 상담 치료사들 역시 이 사실을 너무나 잘 알고 있으며 전문가적 정체성을 고수하는 부분 못지않게 이 사실을 강조한다.[5] 이런 모습들은 아주 훌륭한 인격적 태도라 할 수 있다. 그들은 망가지고 혼란과 고통을 겪으며 고통을 가하는 사람들, 즉 도움이 필요한 이들을 회복시키는 사역을 감당하는 가운데 하나님의 형상이 어떻게 인간의 육신을 입고 살아가는지 고스란히 보여 준다. 인격적 요인들이 핵심적인 요인이라는 정신 건강 전문가들의 말은 직관적으로 정확한 지적이다. 그러나 그들은 하나님도 교회도 없이 소위 목초지에서 섬기고 있다. 그들은 유리방황하고 고통당하고 완악하고 죽어가는 인간의 회복을 목표로 하고 있다. 그러나 이른바 목양에 그리스도가 필요하다고 생각하지 않는다. 원칙론적 입장에서, 고통당하는 자들을 방황하는 자들의 구원자에게 인도하는 일은 하지 않는 것이다. 이 점은 당신이 나보다 더 잘 알 것이다. 그러나 상담의 개념을 세속화된 의학적인 차원에서 접근하는 방식은 목회자와 평신도 모두를 심각하게 위축시킨다. 심리치료로 섬기는 이들의 습관, 본능적 직관, 전망과 목표로 상담을 규정한다면 우리는 상담가라고 자처하거나 상담가가 되려고 하지 않는 편이 더 낫다. 우리에게는 상담을 이해할 수 있는 다른 방식 혹은 더 나은 방식이 필요하다.

상담의 재정의

목회자로서 상담의 개념을 재정의할 때 4가지 방식을 고려해야 한다.

첫째, 심리치료적 개념으로만 상담을 바라본다면 **어떤 목회자가 백 명, 오백 명, 혹은 오천 명의 영혼은 고사하고 겨우 서른 명도 안 되는 영혼을 위해 필수적인 돌봄과 치료를 제공할 수 있겠는가?** 어떤 목회자가 필수적으로 요구될 세속적 교육 과정을 이수할 시간을 낼 수 있겠는가? 교회의 사역자로 임직을 받기 위해 긴 시간을 수고하였는데 다시 제도권의 정신건강 체제의 공식 인정을 받고자 시간을 투자하거나 열정을 쏟을 사람이 누가 있겠는가? 일대 일 상담에 그렇게 많은 시간을 투자할 수 있는 목회자가 누가 있겠는가? 목회자는 상담의 현재와 가능성에 관해 매우 다른 접근이 필요하다.

둘째, **진정한 목회자라면 그리스도의 사랑과 하나님의 뜻이 아무 의미가 없다고 어떻게 믿을 수 있겠는가?** (역설적으로 표현하는 경우를 제외하면) 누구에게도 "얼마든지 스스로의 가치를 확인해도 좋습니다. 스스로 흡족하다면 무엇이든지 상관없습니다. 스스로나 다른 사람들이 개인적인 만족감을 얻을 수 있는 어떤 생활 방식이라도 괜찮습니다"라고 절대 말하지 않을 것이다. 하나님은 온 우주에 자신의 가치를 아로새기기로 선택하셨다. 디모데전서 1:5는 절대 양보할 수 없는 목표를 분명하게 강조한다. "청결한 마음과 선한 양심과 거짓이 없는 믿음에서 나오는 사랑"이 바로 그것이다. 하나님은 자신의 본성과 사역에 최상의 가치와 영광을 부여하신다. 하나님은 자기중심적인 사람들에게 사랑을 배우라고 요구하신다. 대처 기술이나 자기 실현법을 배우라거나, 필요를 충족시키며 감정이나 사고 활동을 관리하는 기법을 배우라거나, 개인적 목표를 이루라고 말씀하시지 않는다. 하나님이 도덕성을 요구하시는 범주들은 인간의 책임이 더 강조된다. 그분의 아낌없이 베푸시는 자비와 순전한 은혜는 진정한 공감과 인내의 유일한 실제적 근거가 된다. 하나님은 사랑을 받음으로 사랑을 배우며 예수님을 배움으로 사랑을 배우라고 주장하신다. "사랑은 여기 있으니 … 하나님이 우리를 사랑하사 우리 죄를 속하기 위하여 화목제물로 그 아들을 보내셨음이라"(요일 4:10). 마지막 날에 모든 사람이 하나님의 '가치'에 무릎을 꿇게 될 것이다.

   사역의 중요한 본질은 어둠을 빛으로 몰아내고 건강한 정신을 회복하며 우리 내면에 생명을 가꾸는 그리스도의 가치를 형성하는 것이다. 목회 상담은 사람들의 진정한 안녕을 생각하는 순수한 사랑의 표현으로서 '윤리적 혹은 도덕적 권고'를 공개적으로 제안한다. 그리스도를 의식하지 않는 상담가는 스스로 인식하는 의도는 선하지만 실제 인간의 진정한 복지와 필요를 고려하지 않는다. 목회자는 상담의 정의에 대해 체계적으로 더 낙관적인 시각을 소유한다.

셋째, 정직한 목회자라면 누가 굳이 전문 치료사의 냉정한 삼자적 입장의 접근 방식을 채택하려 하겠는가?[6] 사역은 필연적이고 본질적으로 자기 개방적 성격을 지닌다. 무엇보다 우리는 다윗과 예레미야와 예수님과 바울의 후예들이다. 기뻐 외치는 동시에 또한 큰 소리로 부르짖고 신음하는 모습은 인간의 필연적인 한 모습이다. 진정한 사역자에게는 상담자로서의 별도의 자세가 있을 수 없다. 데살로니가전서 2:7-12를 쓴 바울은 과도하다 싶을 정도로 상대방에게 감정을 이입한 모습을 보여 준다. 예수님처럼 그는 관심과 사랑이 지극해서 사람들과 그들의 어려움을 도무지 제삼자적 입장에서 바라볼 수 없다. 예수님이 순전히 전문 상담가적 관계로만 사람들을 대하셨다면 그는 목회자가 되는 것을 포기해야 했을 것이다. 목회자의 자기 개방은 지혜로운 사랑의 한 표현이다. 이는 자기 방종 행위가 아니다. 충동적인 표출이나 과시적 자기 노출도 아니고 오만한 개인적 의견의 표현도 아니다. 이런 자기 개방은 적절한 자제를 반드시 동반한다. 그러나 기독교적 열린 태도는 감정에 휘둘리지 않는 직업적 전문성dispassionate professionalism이라는 이상과는 질적으로 다르다. 목양 사역은 팀 스포츠나 신체 접촉이 많은 스포츠처럼 솔직하고 직접적으로 자기 내면을 드러낸다. 체스나 포커가 아니라 코트에서 직접 부딪히고 땀 흘리는 농구 경기와 흡사하다.

당신은 어떤가? 사람들이 당신을 상담가 외에 온갖 종류의 역할을 가진 사람으로 알고 있지 않은가? 생명의 말씀을 전하는 설교자로, 저녁 식탁에 함께 앉은 친구로, 병원을 병문안한 방문객으로, 소프트볼 팀의 2루수 선수로, 재정적 압박으로 괴로워하는 모습을 보일 수밖에 없는 연약한 인간이자 대인 관계의 갈등을 다루어야 하는 지도자로, 교회 수련회에서 떠들썩하게 놀림을 받는 대상으로, 자신의 성공담을 들려주는 강사로, 인생의 고민을 안고 찾아와 객실에 머무르는 방문객의 집주인으로, 유명세를 떨치는 여성의 남편으로, 주일학교를 다니는 아이들의 아버지로, 주신 것을 정직하게 감사하는 예배자로, 더욱더 사랑하기를 갈망하는 주님의 종으로 당신을 알고 있지 않은가? 당신은 상담하는 사람들과 이중적 관계뿐 아니라 다중적 관계를 형성하고 있다. 그리고 우리는 마땅히 그래야 한다. 기독교는 세속 사회와는 상담을 대하는 정신이 근본적으로 다르다.

마지막으로, **선한 양심을 가진 제대로 된 목회자라면 어떻게 건강해 보이는 사람이 명백히 병들어 보이는 사람을 치료한다는 식으로 접근하는 세속적 상담의 정서를 받아들이려 하겠는가?** 우리는 모두 동일한 유혹과 슬픔과 위협과 싸우는 연약한 인간일 뿐이지 않은가? 모두 동일한 죄성에 취약한 인간이지 않는가? (건강 보험 회사에서 명명하듯이) '행동 의학' behavioral medicine은 환자의 인격 장애, 정체성 혼란, 기분 장애, 사고 장애, 부적응 행동, 관계적 역기능, 외상 후 스트레스 장애를 치료할 수 있다고 주장한다. 목회는 동일한 문제를 다루지만 인간 보편의 문제라는 입장에서 접근한다. 어둠의 질병은 우리 인격과 정체성과 정서와 사고, 행동과 관계를 무너뜨린다. 빛이신 구원자는 그런 영혼을 치유해 주신다. 트라우마와 같은 고통과 일상적인 고통 그 어떤 것이든 고통에 대한 우리의 반응을 더욱 혼란스럽게 하는 것은 우리의 고질적인 죄성이다. 시편 23편은 다른 방식의 고난을 소개한다. 우리의 혼란과 고통은 우리를 미혹하는 거짓말쟁이인 우리 내면의 목소리에 절대적으로 귀 기울이는 데서 기인하는 근본적인 문제다(잠 16:2; 21:2). 그러나 우리 목자장의 음성은 우리를 치료하는 힘이 있다. "내 양은 내 음성을 들으며"(요 10:27). 당신은 자신이 사역하는 사람들과 동일한 종류의 문제를 가지고 있으며 다른 점은 단지 정도의 차이일 뿐임을 알지 않는가? 지속적인 동일한 치료를 받아야 하는 이들과 같은 부류이지 않는가? 진정한 목회는 심리치료와 마찬가지로 개인적 문제와 대인 관계의 문제를 다루지만 더 심층적으로 접근한다. 증상이 심각하든 경미하든 우리 모두가 가진 숨어있는 도덕적 종양을 추적한다. 그리고 어떤 치유이든 목회자인 우리도 그 치유를 받아야 한다.

우리의 상담자 예수

이런 목회적 정신은 어디서 기원하는가? 예수님은 연약함과 내적 싸움과 유혹에 시달리는 사람들과 대화하셨을 뿐 아니라 스스로도 그들과 동일한 연약함을 경험하셨다. 그리고 그들을 위해 죽으셨다. 예수님은 상담자로서의 별도의 자세를 인정하지 않으신다. 목회적 사랑에 필수적인 솔직한 자기 개방과 다중적 관계를 선택하신다. 절대 가치중립적으로 접근하신 적이 없었다. 사랑의 마음으로 온갖 형태의 설득 방식을 활용하셨고 설득하고자 했던 사람들을 위해 공개적으로 죽으실 정도로 그들을 사랑하셨다.

2장

목회 상담의 독특성

우리는 목회적 돌봄으로서 상담의 가능성을 간략히 살펴보았다. 목회 상담은 무엇인가? 이제 상담자로서 목회자의 다섯 가지 특별한 측면을 살펴볼 것이다. 상담자로서 목회자의 책임, 기회, 방법, 메시지, 환경이 여기에 해당한다.

목회자는 상담에 대한 특별한 책임이 있다

목회자는 상담을 해야 한다. 상담은 목회자에게 선택 사항이 아니다. 단순히 직장을 선택하는 문제이거나 개인적 선호의 문제 혹은 재능 결여의 문제인 양 상담가로서 역할을 거부할 수는 없다. 그렇다고 모든 목회자가 공적인 목회사역과 개인적인 상담사역에서 동일한 균형을 이루라는 말은 아니다. '공식적'인 상담자 역할의 범위(다시 말해서 특정 사람들과 서로 합의하에 규칙적인 시간을 정하고 만나는 정도)는 많은 요인들에 의해 결정

된다. 어떤 목회자들은 직접적인 영혼 치유에 많은 시간을 할애할 것이며 어떤 이들은 상대적으로 시간을 적게 할애할 것이다. 그러나 모든 목회자는 성도들과의 상호작용에 잠재된 상담 사역의 기회를 지속적으로 포착해야 할 뿐 아니라 정교한 기술로 이루어지는 의도적인 대화도 사역의 한 부분으로서 헌신해야 한다.[7]

상담에 대한 목회자의 소명은 다른 직업적 상담과는 상당히 다르다. 목회 상담만의 이런 독특성을 몇 가지 측면에서 살펴볼 것이다.

개인 상담사역의 부르심은 모든 성경에 녹아들어 있다. 성경에는 직접적인 영혼의 치유가 중요함을 표현하는 구절들이 적지 않게 나온다. 고전적인 본문은 사도행전 20:20, 갈라디아서 6:1-2, 9-10, 에베소서 3:14-5:2, 데살로니가전서, 히브리서 3:12-14, 4:12-5:8, 10:24-25가 대표적이며, 다수의 "서로 ~하라"는 구절들도 여기에 포함된다. 실제로 구체적인 개인에 대한 특별한 관심을 표현한 모든 구절은 상담에 관한 구절이라고 보아도 무방하다. 목회자에게 요구되는 상담에 대한 책임은 특별하다. 사람들을 상담하고 그들에게 상담 훈련을 시키도록 하나님의 직접적인 부르심을 받은 상담가들이 목회자들 말고 누가 있는가? 세 구절을 간단히 살펴보도록 하자.

첫째, 예수님은 두 번째 중요한 계명이 "네 이웃을 네 몸과 같이 사랑하라"라는 명령이라고 말씀하셨다(마 22:35-40을 참고하라). 사랑은 이웃의 구체적인 개인적 필요와 어려움에 개입한다. 사랑은 많은 실천을 포함한다. 따뜻하고 오래 참는 태도, 물질적 필요를 채워 주고 도움의 손길을 제공하는 행동이 그렇다. 또한 사랑은 정말 중요한 것에 대한 솔직한 대화를 요구한다. 흥미롭게도 이웃을 자기 몸처럼 사랑하라는 명령의 원래 문맥(레 19:17-18)은 개인적 상담의 예시와 적용을 보여 주는 본문이다.

> 너는 네 형제를 마음으로 미워하지 말며 네 이웃을 반드시 견책하라 그러면 네가 그에 대하여 죄를 담당하지 아니하리라 원수를 갚지 말며 동포를 원망하지 말며 네 이웃 사랑하기를 네 자신과 같이 사랑하라 나는 여호와이니라

하나님은 어떤 문제보다 더 어려운 문제를 다루고 계신다. 바로 '수많은 약점을 가진 친구와 가족을 어떻게 사랑할 수 있을까' 하는 문제다. 판단, 회피, 원망, 공격처럼 너무나 쉽게 보이는 반응과 대조적으로 정직한 대화로 문제를 해결하는 이웃 사랑의 구체적인 예시를 본문은 보여 주고 있다. 우리는 이웃에 대해 개인적 목회 돌봄으로 이 명령을 구체적으로 순종하게 된다. 우리가 상담하는 사람이 대인 관계상의 갈등으로 어

려움을 겪고 있을 때 건설적인 대화로 사랑을 표현하도록 도와줄 수 있다. 주님은 참으로 놀라운 약속을 우리에게 주신다. "나는 여호와이니라"(은혜롭고 자비로우시고 노하기를 더디 하시며 인자가 풍성하며 신실하시고 용서하시되 정직하게 타협함 없이 판단하시는 분이다). 개인적 목회는 이 하나님을 의지하는 가운데 망가진 사람들을 돕는 긴급한 일을 감당하며 하나님의 형상을 삶으로 드러내는 일을 한다. 우리는 마지막에 삽입된 "나는 여호와이니라"라는 구절에 내포된 의미를 삶으로 보여 주어야 한다. 출애굽기 34:6-7은 하나님의 선하심과 영광을 드러낸다. 이런 선하심과 영광은 전염성을 지닌 속성이며 우리 안에 빚어져가는 예수님의 형상이라 할 수 있다.

대화하는 사랑은 또한 여러 가지 형태로 진행된다. "요즘 어떻게 지내고 있습니까? 대화를 나눌 사람이 필요합니까? 어떤 기도 제목이 있나요? 지금 압박을 받는 일은 무엇입니까? 기쁜 일이나 슬픈 일이 있다면 무엇인가요? 비밀의 정원을 찾았나요? 마음에 갈등하는 일은 무엇인가요? 기쁨으로 거둔 승리는 있습니까? 하나님이나 가장 가깝고 소중한 이들과의 관계는 어떻습니까? 마음을 짓누르는 힘든 일은 무엇입니까? 어떤 일을 하거나 말할 때 중요하게 생각하는 것은 무엇입니까? 불안이나 분노나 회피하고 싶은 마음은 어떻게 처리합니까? 이 놀라운 성취나 축복을 어떤 마음으로 바라보나요?" 이런 질문들을 묻고 답하면서 우리는 서로의 삶에 개입한다. 이런 삶을 나누는 기회는 은혜로 들어가는 문이 된다. 예수님은 이런 곳에서 사람들을 만나 주신다. 목회자로서 우리의 가장 확실한 이웃(가족 외에)은 개인적인 책임을 져야 하는 양 떼들, 즉 신자들이다. "네 이웃을 네 몸과 같이 사랑하라"라는 명령은 우리를 상담을 하도록 부른다.

둘째, 전체 잠언을 살펴보아야 한다. 잠언으로 공개적인 선포 즉 설교를 하는 것은 전혀 문제될 것이 없다. 지혜가 거리에서 부르며 왕래하는 모든 이들에게 들으라고 요청하는 것이다(잠 8-9장). 그러나 잠언으로 **상담**을 할 때가 분명히 훨씬 더 낫다. 권면하는 지혜는 매우 소중하며 잠언이 권면하는 대부분 내용은 따뜻한 개인 맞춤형 상담처럼 읽힌다. 마치 아버지처럼, 아내와 어머니처럼, 진정한 친구처럼, 선한 왕이나 여느 현자처럼 따뜻하고 진심 어린 상담을 해주는 누군가의 말을 듣는 것 같다. 지혜는 상담에 너무나 필요한 선물이다. 더없이 소중하고 생명을 새롭게 하는 이 선물을 나누어 주실 때 하나님은 성별과 인종과 나이와 부와 지위와 교육 수준을 구분하지 않으시고 아낌없이 베풀어 주셨다. 목회자들만 제외하고 그리스도의 몸의 모든 이들에게 상담의 기술이라는 아름다운 선물을 베풀어 주시지는 않을 것이다. 당신은 지혜로운 현자의 한 사람으로 부르심을 받고 있다.

마지막으로, 디모데와 디도와 빌레몬에게 보낸 바울의 편지를 살펴보아야 한다. 이 편지들은 영원히 후세에 전해지도록 지면에 박제된 개인적 상담 사례라 할 수 있다. 각 편지는 특정한 한 개인에게 부친 편지로서 특정한 환경을 설명하되 구체적인 장점과 약점을 논의하며 상담자와 내담자의 실제적 관계를 토대로 한다. 상담가로서 바울은 더없이 다정하며 지식이 풍부하고 필요할 경우에는 과감하게 자신을 개방한다. 분명한 핵심을 짚으며 상대방에게 꼭 필요한 말을 해주고 그를 격려하고 도전한다. 이처럼 일종의 개인적 상담 내용을 본문으로 제대로 된 설교를 할 수 있는가? 물론이다. 그러나 개인적 목양 본문에 대해 설교로 선포할 뿐 아니라 개인적 목양도 기꺼이 할 의향이 있는가? 목회자들이여, 이런 서신들은 여러분이 목양을 하도록 부른다.

우리는 불가능한 일을 하도록 부르심을 받고 있다. 우리 소명이 우리 능력을 넘어서는 일임을 알면 이상하게 위안을 얻는다. 상담에 대한 목회자의 소명이 특별한 이유를 여기서 또 확인할 수 있다. 우리는 우리의 재능과 경험, 교육, 기법, 전문가적 지식, 자격증, 성숙도나 지혜를 신뢰하거나 의지해서는 안 된다. 우리는 하나님이 하셔야 하는 일을 하도록 부름받는다.

디모데전서 4:6-16에서 바울은 디모데에게 계시된 진리를 마음에 새기며 믿음의 삶과 적극적 사랑의 실천과 돌보는 일과 예수 그리스도를 섬기는 일에 전념하라고 당부한다. 전심으로 자신을 훈련하며 헌신하고 실천하며 끝까지 포기하지 말아야 한다. 자기 스스로를 면밀히 돌아보고 자신이 무엇을 가르치는지 살피고 경계해야 한다. 바울은 왜 이런 부분들을 그렇게 세밀하게 강조하는가? 그 이유는 놀랍고 충격적이다. "이것을 행함으로 네 자신과 네게 듣는 자를 구원하리라"(4:16). 다시 말해 보시라. 자기 자신과 우리에게 듣는 사람을 구원한다고? 이런 일을 넉넉히 감당할 사람이 과연 누구라는 말인가? 오직 하나님만이 죽음과 죄와 눈물과 연약함과 우리 자신에게서 우리를 건져 주실 수 있다. 직접 개인적 희생을 치르신 그리스도만이 은혜와 자비와 오래 참으심으로 우리를 구원해 주실 수 있다(딤전 1:14-16).

성령만이 죽음을 향하는 이기심으로부터 영혼을 치유해 주시며 한 개인과 민족이 소생하여 믿음과 사랑을 회복하게 해주실 수 있다. 그러나 이 위대하고 선하신 의사는 일개 목회자인 디모데를 기꺼이 사용하셔서 치유 과정 가운데 선하신 의사를 돕는 보조자로 섬기게 해주셨다. 그분은 또한 우리도 사용하신다.

영혼들을 목양하고 교묘한 도덕적 악과 싸우며 사람들이 고통과 괴로움을 이기도록 돕는 것은 쉬운 일이 아니다. 그레고리 대제는 목회적 돌봄에 대한 그의 위대한 논문에서 이것을 "예술 중의 예술"art of arts이라고 불렀다.[8] 그는 영혼을 인도하는 일이 일개 의사의 치료 행위보다 훨씬 더 어려운 일이라고 생각했다. 한번 생각해 보라. 몸은 상대적으로 접근하기가 용이하다. 인과 관계로 설명 가능한 경우가 적지 않고 약물이나 수술로 치료할 수 있다. 그러나 "더 섬세한 이 예술은 보이지 않는 병을 다룬다".[9] 다시 말해, 우리 마음의 비합리적 광기를 다룬다(전 9:3; 렘 17:9). 이런 만만치 않은 과제를 생각할 때 교회에서 시행하는 대부분의 상담이 피상적이고 상투적이며 응급처치 같은 인상을 주는 이유는 무엇인가? 유능한 의사는 사례별 해결 능력을 훈련하는 데 일생을 보낸다. 성숙한 심리 치료사는 계속해서 배움의 기회를 추구한다. 그렇다면 목회자는 한 가지 천편일률적인 기원, "키리에 엘레이손!Kyrie eleison 주님, 우리를 불쌍히 여기소서!"가 만능 해답인 양 만족해도 되는가? 이런 뻔한 기원으로 문제가 해결되는 것처럼 그리스도인의 삶이 묘사될 때 사람들은 온전한 섬김을 받을 수 없다. 귀에 익숙한 교리나 종교적 전략, 신앙 프로그램 참여, 신앙 체험으로 문제가 자동적으로 해결되는 것처럼 해서는 안 된다. 다시 그레고리의 말을 들어보라.

한 가지 동일한 권면이 모두에게 적합한 것은 아니다. 사람들을 동일한 성격적 특성으로 평가할 수 없기 때문이다. … 개인들을 권면할 때 각 개인의 특정한 필요에 맞게 섬기기 위해서는 많은 연습이 필요하다.[10]

목양 사역은 예술 중의 예술이다.

우리는 그리스도인이기 때문에 할 수 있는 일을 하도록 부름받았다. 사람들의 마음은 그 속을 헤아리기 어렵고 병들어 있을 수도 있다. 그러나 하나님의 말씀은 마음의 생각과 뜻을 밝히 드러낸다(히 4:12-13). 비판에 대한 나의 독선적 반응은 쉬이 찾아내기 어려운 추악한 악을 내가 품고 있다는 반증일 수 있다. 하지만 나는 있는 그대로의 실체를 드러내는 법을 배우고 필요한 자비를 구하며 나를 겸손하게 하시는 하나님을 구하고 찾을 수 있다. (완벽하게는 아니라 하더라도) 우리는 우리를 실제적으로 이해할 수 있다. 마찬가지로 다른 사람의 마음의 생각과 뜻이 어두운 심연처럼 헤아리기 어렵다 하더라도 명철한 사람은 마음의 동기와 생각을 환한 바깥으로 이끌어낼 수 있다(잠 20:5). 무엇을 알아야 하는지 배울 수 있다. 어떤 영혼에 대해서도 접근할 권한이 없고 모든 전략과 진실이 거부당할 수 있다 하더라도, 보지 못하는 눈을 뜨게 하거나 듣지 못하는 귀가 들리도록 할 힘이 전혀 없다 하더라도 하나님은 우리의 돌봄을 사용하여 영혼을 치료해 주신다. 인간은 모든 부분에서 서로 다르지만 모두 동일한 유혹을 받는다. 우리는 자신의 특별한 고난에서 받은 위로로 고난당하는 모든 이들을 위로할 수 있다(고전 10:13; 고후 1:4). 근본적인 차원의 이런 공통점 때문에 우리는 서로를 이해하며 의미 있는 수준에서 서로를 도울 수 있다. 이런 일은 그리스도인이라면 누구나 할 수 있는 일이다.

디트리히 본회퍼Dietrich Bonhoeffer는 세속적이고 현대적인 심리학적 문화 속에서 성장하였고 그의 아버지는 정신과 의사였다. 고등 교육을 받은 여느 독일인들처럼 본회퍼 역시 위대한 20세기 정신과 의사들의 심리학적 모델과 심리치료적 실제 현장을 철저히 연구했다. 그러나 그가 이 일에 열중한 이유는 결정적인 차이가 있는 지식과 지혜를 강조하기 위해서였다.

아무리 경험이 풍부한 심리학자나 인간 본성을 꿰뚫어보는 관찰자라도 예수의 십자가 아래 사는 가장 단순한 그리스도인들에 비하면 인간 마음에 대한 이해가 더없이 얕고 무식하다. 가장 위대한 심리학적 통찰과 능력과 경험이라도 이 한 가지, 즉 죄가 무엇인지 파악하지 못한다. 세속적인 지혜는 고통과 약점과 실패가 무엇인지 알지만 하나님을 부정하는 인간의 상태는 알지 못한다. 따라서 인간이 오직 자신의 죄로 파멸하고 오직 용서로만 치유받을 수 있음을 알지 못한다. 오직 그리스도인만이 이것을 알고 있다. 정신과 의사 앞에서 나는 단순히 병든 사람일 수 있지만 그리스도인 형제 앞에서는 죄인일 수 있다. 정신과 의사는 먼저 내 마음을 탐색해야 하지만 절대 그 궁극의 깊이를 헤아리지 못한다. 그리스도인 형제는 내가 그에게 다가갈 때 알아차린다. 나 같은 죄인이 여기 있다고 죄를 고백하고 하나님의 용서를 갈구하는 경건치 못한 사람이 바로 앞에 있다고 말이다. 정신과 의사는 하나님이 존재하시지 않는 것처럼 나를 바라본다. 믿음의 형제는 예수 그리스도의 십자가 안에서 심판하시되 자비를 베푸시는 하나님 앞에 선 자로 나를 바라본다.[11]

이 글을 다시 천천히 음미하며 읽기를 바란다(내가 인용문을 대충 읽는 경향이 많아서 이런 당부를 하는지도 모르겠다). 우리는 상담을 받는 사람들과 같은 그리스도인 형제이기에 다른 상담가들이 보지 못하고 보려고도 하지 않는 깊은 부분까지 알 수 있다. 그들이 절대 가지 않는 길을 당신은 갈 수 있다. 세상의 구원자를 모시고 갈 수 있다.

돌봄 사역이 활발하게 진행될 경우 목회자는 공개적으로 선포한 것을 개인적으로 실행한다. 특이하게 우리의 소명은 공적 목회사역과 개인 상담사역이 결합되어야 한다. 기독교적 메시지는 다수의 무리를 대상으로 잘 선포되는 동시에 개인들과 대화를 통해 잘 전달된다. 설교와 상담은 상호 보완적인 관계에 있으며, 목회자가 아닌 일반 상담가는 이 두 가지를 동시에 실행할 수 없다. 목회자는 실제적 어휘와 의도적 행동으로 "말씀을 선포할" 뿐 아니라 "말씀으로 상담을 해야" 한다.

물론 공개적인 선포와 개인적인 대화는 메시지를 전달하고 이해하게 만드는 방식이 너무나 다르다. 선포는 상대적으로 계획적이고 체계적이며 원고를 미리 작성한 후 이루어진다. 보통 일방적으로 메시지를 전달한다. 하지만 예수님은 무리들이 감정을 표출한 후 메시지 내용을 조절하시는 방식을 사용하시거나 누군가 질문한 내용을 토대로 메시지를 전하셨다. 설교를 할 때 우리는 보통 다음에 무슨 말을 할지, 어떻게 끝날지를 대략적으로 미리 구상한다. 그러나 이야기를 주고 받는 '대화'는 한 방향으로 전달하는 설교와는 다르다. 대화는 미리 준비하지 않고 즉흥적이며, 예측이 가능하지 않고 두서가 없거나 무질서하다. 미리 계획을 세우고 임한다 해도 마찬가지다. 상대방이 다음에 무슨 말을 할지 미리 알 수 없다. 주로 상대방의 말을 듣고 반응하는 수준이기 때문에 상대방의 말을 듣고 자신이 무슨 말을 할지도 거의 모른다. 양측이 정색을 하고 뻔한 상투적인 말을 주고받는 식으로 국면이 달라지는 것은 좋지 않은 신호다. 상담은 보통 직접적인 괴로운 경험을 나누는 것으로 시작하며 인격과 말씀과 행동으로 내면의 빛을 밝혀 주시는 하나님을 향해 나아간다. 이와 대조적으로 설교는 보통 성경을 강해한 다음 삶의 적용으로 나아간다. 목회의 이런 두 측면은 서로 다르지만 보완적인 역량을 필요로 한다. 주님과 그분의 선지자들과 사도들은 두 방향을 자유롭게 구사했다. 목회자들에게는 이런 완벽한 기술이 필요하다.

교회는 체계적인 실천 신학과 능숙한 목회 돌봄의 오랜 전통을 가지고 있다. 예술과 지혜의 유산이 모두 그러하듯이 사상은 지속적으로 활용하고 보완하지 않으면 그 의미가 퇴색하고, 적용은 시대에 뒤떨어지며, 기술은 잊히게 된다. 교회 자체적으로 안고 있는 몇 가지 요인들은 기독교 신앙이 가진 상담적 차원의 강력한 함의들을 외면하게 만든다. 성경을 진지하게 생각하는 사람들을 중심으로 목회자에 대해 거의 공적인 설교자이자 팀 리더이며 행정 책임자의 역할만 강조하는 교회의 습관은 두드러지게 나타난다. 개인의 영혼을 치유하는 능력은 선택적이며 때로 시간 낭비인 양 폄하되기도 한다. 이런 선입견들은 신학교 교육, 집사의 자격 요건, 교회 직분자의 직무 설명서, 역할 모델, 실제 교회 활동의 우선순위에 구조적 영향을 미친다. 이것은 사역에 관한 책에서 사용되는 예시에 영향을 주며 성경적 상담 방법에 대한 책이 상대적으로 부족한 원인으로 작용한다. 또한 '말씀 사역'을 '강단 사역'과 동의어처럼 취급하는 흔한 세간의 오해로 이어진다.

목회자가 되고자 준비하고 확인하는 과정에서 누구도 사람들에 대한 직접적인 이해와 직접적인 상담 기술이 목회적 소명의 필수적인 측면이라고 말해 주지 않았을 것이다. 그러나 이 사실은 반드시 들어야 하고 명심해야 하는 일이다.

당신은 이미 상담가이다. 항상 상담가이다. 목회자는 필연적으로 공적인 사람이다. 다른 사람들이 항상 당신을 주시하며 당신이 보내는 신호를 읽고 당신을 평가하고 있다. 다른 일반적인 상담가와 달리 본질적으로 당신의 사역은 사람들의 시선이 미치지 않는 닫힌 문 뒤의 사무실에서 이루어지지 않는다. 일상적인 만남에서든, 정식 모임이나 공개적 예배에서든, 당신의 태도와 핵심 가치와 실제적 신념이 사람들에게 끊임없이 공개되고 있다. 다른 사람들은 당신의 말을 듣고 배우며 주시하고 당신을 받아들일지 거부할지 결정한다. 당신이 공개되어 있다는 사실은 어디서도 볼 수 없는 목회적 소명의 독특한 한 측면이다.

사람들은 당신이 다른 사람들을 어떻게 대하는지 안다. 당신이 정직한지(혹은 정직하지 않은지) 안다(혹은 알아차린다). 당신이 친절한지(혹은 냉담하거나 심지어 불친절한지) 안다. 당신이 지혜로운 사람인지(혹은 어리석은 사람인지) 알며, 인생의 어려움을 어떻게 처리하는지 안다. 당신이 겸손한지(혹은 오만한지) 안다. 돌봄을 제대로 감당하는지(아니면 돌봄을 버거워하는지) 안다. 하나님의 왕국에서 주의 백성이 안녕하기를 바라는지(혹은 당신의 자아를 위한 왕국을 짓고 있는지) 안다. 당신이 좋은 상담가인지(혹은 사사건건 참견하거나, 거들먹거리거나, 태만하거나, 건성으로 일하는 사람인지) 안다. 당신이 진심으로 직분을 감당하는 사람인지(아니면 종교적 역할만 하는 사람인지) 안다. 당신은 약점이 많은 인간이기 때문에 그들은 이미 당신의 결점을 파악하고 있다. 당신이 스스로의 실패와 잘못을 어떻게 처리하며 그들의 실수를 어떻게 처리할지 어느 정도 알고 있다. 당신은 하나님 앞에서 자신을 정직하게 드러내며 예수님의 은혜와 자비를 누리고 있는가? 당신은 개인 사무실에서 누구의 간섭도 받지 않고 상담자로서의 별도의 자세를 취하며 스스로를 보호하는 '전문 상담가'가 아니기 때문에 그들은 당신을 알고 있다(혹은 짐작하고 있다). 당신은 공개된 공간에서 살아가고 행동하며 존재를 이어간다. 이 시험에 실패하면 사람들은 당신을 찾지 않을 것이며 당신이 그들을 찾으려 해도 외면당할 것이다. 하지만 이 시험을 통과하면 당신의 상담은 다른 일반 상담가들은 상상할 수 없는 선한 영향력을 발휘할 수 있다.

우리의 죄로 인해 사람들에게 잘못된 상담을 할 수 있다는 사실을 알면 그 부담감이 엄청나다. 리처드 백스터Richard Baxter는 "나의 양 떼들에게 내 영혼의 불안한 상태를 공개한다"라는 유명한 말을 했다.[12] 그는 "혀로 말한 것을 삶으로는 말하지 않는" 위험성에 대해 경고했다.[13] 그러나 사람들을 상담하는 일에 하나님이 우리의 순수한 믿음과 사랑을 사용하셔서 그들이 공적으로나 개인적으로 하나님의 안전한 다스림의 음성 아래 인도되는 것을 보는 것은 그에 못지않은 큰 기쁨이다.

당신과 교회가 상담을 하지 않고 외면한다면 누가 그 일을 하겠는가? 사람들이 교회에서 도움을 얻는지 여부가 중요하다는 것은 우리 소명에서만 보이는 특별한 부분이다. 심리치료사들은 생계비를 버는 데 관심이 있지만 원칙적으로 동업자 정신이 있기에 사람들이 다른 상담가에게 도움을 구해도 크게 상관하지 않는다. 비록 다른 상담가가 자신과 매우 다른 상담 철학을 가진 사람이라도 개의치 않는다. 그러나 교회는 고통당하는 영혼의 돌봄과 치료를 다른 목소리에게 양도해서는 안 된다. 의도는 좋을지 몰라도 그런 목소리들이 "하나님을 배제한" 메시지를 이용해 "하나님과 함께해야" 해결되는 문제들을 해결하고자 시도할 때 심각한 문제가 발생한다. 여호와를 경외하는 것은 곧 지혜의 근본이다(시 111:10; 잠 9:10). 하나님을 의식하는 삶은 인생을 제대로 이해하는 출발점이자 본질과 일치하는 원리이며 구조적 선결 요건이다. 친구, 가족, 동료, 대중 매체, 자기 계발서, 심리치료 전문가들이 진실을 무시하면 필연적으로 왜곡된 상담을 하게 된다. 예레미야의 메타포를 차용하여 표현하자면, 그들은 상처를 가볍게 여기면서 말하기를 평강하다, 평강하다 하나 평강이 없다(렘 8:11). 이 부분은 다시 말할 기회가 있을 것이다. 목회자들은 영혼을 돌보고 치료하는 일을 다른 목소리에게 양도해서는 안 된다. 돈을 받든 무료로 봉사하든 우리 대신 이 일을 할 마음이 있는 사람들이 수없이 대기 중이다.

목회자는 상담의 특별한 기회들이 있다
목회 상담이 다른 형태의 상담들과 다른 이유는 목회자가 삶에 개입할 수 있는 특별한 기회들이 많기 때문이다. 누군가의 삶에 개입하도록 문을 열어 주는 목회 생활의 특별한 7가지 면을 소개하고자 한다.

 1. 사람들을 지속적으로 살필 기회가 있다. 예수 그리스도는 사람들을 찾아다니신다. 먼저 사랑의 손길을 내미신다. 사람들은 고통과 죄악 가운데 예수님을 찾으러 다닐 때도 그분의 속성과 그분이 하신 말씀, 돌봄의 방식, 그분이 하실 수 있는 일에 대해 그동안 들어왔던 내용에 반응한다. 기본적으로 우리 주님은 항상 먼저 행동하시며, 그분의 전체 행동 방식은 적극적이다. 선한 목자는 잃어버린 자를 찾아낼 때까지 찾으러 다니신다(눅 15:4). 우리 같은 소위 선한 목자들 역시 상담의 기회를 찾아내며 동일하게 행동해야 한다. 우리는 어떤 상황에서든 "정말 잘 지내고 있습니까?"라거나 "어떻게 기도해 드릴 수 있을까요?"라고 물을 수 있다. 솔직하든, 얼버무리든, 그 사람

의 대답은 의미 있는 대화를 나눌 기회가 될 수 있다. 누군가가 어려운 일이 생겼거나 힘든 시기를 지나가고 있다는 소식을 들으면 잠시 심방해서 그들을 돌봐줄 수 있다.

이런 목회자들과 달리 다른 상담 모델들은 수동적이며 주도하기보다 대응하는 식이다. 심리치료사들은 고민하는 사람이 직접 도움을 구하거나 그를 걱정하는 제삼자가 부탁할 때까지 기다려야 한다. 그러나 목회자는 직접 찾아 나서며 사람들은 이런 적극적인 사랑에 특별한 방식으로 반응한다.

2. 사람들의 중요한 삶의 상황에서 상담할 기회가 있다. 삶의 결정적인 전환 시기나 어려움과 기쁨의 순간에 사람들의 삶에 자연스럽게 접근할 수 있다. 사람들이 당신에게 방문을 요청한다. 당신은 스스럼없이 방문할 수 있는 이른 바 허가증이 있다. 중요한 일이 생길 때마다 다가갈 수 있는 문이 열려 있다.

- 약혼과 결혼
- 부상, 질병, 병원 입원
- 임종, 죽음, 사별, 장례
- 자녀 출산
- 이사
- 실직이나 은퇴

- 배신이나 간통과 이혼
- 마약에 중독된 자녀나 법적 처벌의 위기에 처한 자녀
- 주택 화재, 범죄 또는 자연 재해로 인한 심각한 피해

목회자 외에 이처럼 가장 중요한 시기에 자연스럽게 접근할 기회를 가진 상담가는 거의 없다. 이런 사건들은 개인의 스트레스 지수에서 가장 심각한 수준의 스트레스를 유발하는 요인일 수 있다. 또한 한 개인의 내면 상태는 정확히 이런 상황에서 더 선명하게 드러나며 접근하기에 더 용이할 수 있다. 그는 참 소망을 위해 살고 있는가, 거짓 소망을 위해 살고 있는가? 그 신자의 두려움은 현실적인가, 아니면 왜곡된 두려움인가? 그들의 기쁨과 슬픔이 온당한가, 아니면 지나친 것인가? 혹은 이상할 정도로 기뻐하지도 슬퍼하지도 않는 상태는 아닌가? 그들의 이런 불안한 상태나 분노로 무엇을 알 수 있는가? 이런 혼란은 어디서 기인하는가? 그들의 마음은 어느 때보다 열린다. 더욱이 사람들은 상담받기를 꺼려 하던 보통 때와는 달리 이때에는 기꺼이 상담을 원하고 받으려고 한다.

한 가지 예를 생각해 보라. 하나님은 "그러므로 너희 마음의 허리를 동이고 근신하여 예수 그리스도께서 나타나실 때에 너희에게 가져다주실 은혜를 온전히 바랄지어다"(벧전 1:13)라고 말씀하신다. 들으면 기분이 좋고 자꾸 반복해도 즐거운 말

쓴이다. 그러나 어려움이 가중될 때 지금까지 가려져 있던 가짜 희망이 고화질의 음질과 화면으로 그 모습을 드러낸다. 상담의 순간이 왔고 인생을 바꾸도록 삶의 방향을 재설정할 수 있는 기회가 왔다. 중요한 의미와 강렬한 감정과 특별히 열린 마음이 함께 보인다는 것은 사람들이 믿음과 사랑으로 성장할 수 있도록 하나님이 주신 환경 속에 당당히 개입할 기회가 생겼다는 의미이다.

3. 연약한 성도와 강건한 성도 모두를 만날 기회가 있다. 성경적 목회는 괴로워하는 사람이나 곤란에 처한 사람에게만 필요하지 않다. 목회적 돌봄은 약한 자나 강한 자에게 모두 필요하며 유능한 사람이나 무능한 사람, 재능이 있는 사람이나 그렇지 못한 사람, 성공한 사람이나 실패한 사람 모두에게 필요하다. 복음은 모든 사람의 인생을 재정비해 줄 진리를 말하며 "불안으로 흔들리는 사람들을 위로하고 안락하게 사는 사람들을 뒤흔들어 놓는다". 넘치도록 풍요롭게 사는 사람들은 감사와 겸손과 관대함을 배워야 하며, 자만에 빠질 수 있는 유혹과 우월감과 오만을 경계해야 한다. 삶의 무력함과 절망을 느끼는 사람들은 희망과 용기와 오래 참음을 배워야 하며, 절망과 원망과 탐욕의 유혹을 경계해야 한다. 어떤 삶의 상황에 처해 있든지 우리는 모두 영원한 가치가 있는 것을 배워야 한다. 하나님께 받은 위로로 다른 사람들을 위로하는 법을 배워야 한다.

모든 인생에는 포도원지기의 전지가위가 필요하다. 목회자로서 우리가 오늘 누구를 만나든지 그 사람이 하나님과 이웃을 사랑하며 각성하여 돌이키고 하나님을 의지하도록 도와주어야 한다. 모든 사람은 매일 상담이 필요하다(히 3:12-14). 형통한 하나님의 자녀들이라도 상담(그리고 상담 훈련)이 필요하다. 그래야 방황하고 낙담한 형제들이나 무력감으로 고통당하는 형제들을 더 잘 도울 수 있다(살전 5:14).

일반적인 상담 역할은 모든 사람에 대한 비전이 없다. 일반적인 세속의 상담 모델은 일부 범주의 인간들만 도움이 필요하며 다른 이들은 본질적으로 아무 문제가 없다고 전제한다. 기독교 신앙은 모든 인간에게 영혼의 치료가 필요하다고 규정하며, 목회자는 모든 영혼을 치료해야 하는 특별한 소명이 있다.

4. 부자나 가난한 자를 가리지 않고 상담할 기회가 있다. 목회자는 봉사의 대가로 돈을 받지 않고 순수한 사랑으로 상담 관계를 형성한다는 면에서 다른 상담가들보다 엄청난 이점이 있다. 목회 상담은 도움이 필요한 사람들에게 너무나 고마운 선물이다. 하나님의 백성들의 자발적인 헌금이 상담 기금으로 사용되며 그들은 상담을 원할 수도 있고 그렇지 않을 수도 있다. 상처입고 고통당하는 사람들은 직업 상담가들에 대해 정당한 의문을 가질 수 있다. "정말 저를 염려하세요? 정말 저의 친구

인가요?" 목양은 값없이 주는 선물과 같아서 목양을 받는 사람들이 동기를 의심하거나 의도의 순수성을 의심하지 않아도 된다. 돈을 받고 시간을 내거나 돌봄을 제공하거나 관심과 우정을 나누면 관계가 왜곡될 가능성이 언제나 높을 수밖에 없다.

이와 대조적으로 목회자는 사역의 재량권이 상당히 자유로운 편이다. 돈이 많은 사람들을 대하더라도 목회자는 그들이 원하는 서비스를 돈으로 사지 못하도록 단호히 대처할 수 있는 특별한 위치에 있다. 돈이 없는 사람들이라면 목회자는 그들이 필요로 하는 도움을 받지 못하는 일이 없도록 할 수 있는 특별한 위치에 있다. 목회자는 하나님이 아낌없이 베푸시는 자비와 지혜를 구현할 수 있는 독특한 위치에 있는 것이다. 상담은 상대방을 배려하는 솔직함을 요구한다(엡 4:15). 비용 문제에서 자유로울 때 우리의 돌봄은 모호하지 않으며, 솔직하지 못하게 방해하는 요인들에서 자유로울 수 있다.

보수를 받지 않는다는 것은 큰 차이를 만들어낸다. 많은 사람들의 십일조와 헌금으로 교회가 상담의 필요를 충족시키도록 지원할 때, 돌봄과 치유를 위한 최상의 '전달 방식'이 생기는 셈이다.

5. 이미 당신을 신뢰하고 있는 사람들과 상담할 기회가 있다.
모든 상담 대화에서 가장 주된 주제는 무엇인가? 언어로 표현되는 경우는 거의 없지만 누군가와 대화하려고 자리에 앉은 모든 사람은 항상 이런 질문을 하고 있다. "내가 당신을 신뢰해야 하는 이유는 무엇입니까? 당신을 신뢰해도 될 합당한 이유가 있습니까? 당신을 믿어도 됩니까?" 핵심적 대답이 "그렇다"라고 한다면 그 대화는 건설적인 방향으로 이어질 가능성이 높다. 서로를 깊이 신뢰하면 대화의 성공과 실패를 결정할 더 심층적인 두 가지 질문으로 나아가게 된다. "당신에게 가감 없이 솔직해도 됩니까?"라고 질문한 다음 "당신이 하는 조언을 거리낌 없이 받아들여도 됩니까?"라는 질문으로 나아가는 것이다.

물론 종종 상대방에 대한 신뢰, 솔직하고자 하는 의지, 거리낌 없이 조언을 받아들이려는 마음에서 나온 질문들은 시간이 지나면서 점점 해결된다. 그러나 이미 당신을 신뢰하기로 결정한 사람들을 상담한다는 것은 목회적 돌봄에서만 볼 수 있는 특별한 장점이다. 그들은 솔직히 말하고 기꺼이 듣고자 결심한 상태로 대화에 임한다. 이런 신뢰가 생기는 이유는 당신이 이미 평가가 끝난 사람이기 때문이다. 이런 질문들에 미리 긍정적인 답변이 되어 있는 상태이므로 상담의 효율과 효능이 헤아리기 어려울 정도로 높아질 수 있다. 신뢰를 쌓기 위해 수개월이나 시간을 허비할 필요가 없다. 상담을 원하는 사람들이 본론으로 바로 들어가기 때문에 당신 역시 본론으로 바로 들어갈 수 있다.

당신이 신뢰할 수 있는 검증된 사람이라는 사실은 또한 사람들이 자신의 어려움을 상의하기 위해 가장 먼저 찾을 사람이라는 뜻이다. 그들은 너무나 민감한 문제들, 가령 심각한 죄, 누구에게도 말하지 못하는 두려움, 비통한 일, 낙심, 아주 민감한 욕망, 마음 깊은 곳에 있는 혼란에 대해 허심탄회하게 털어놓을 것이다. 신뢰가 형성되어 있으면 다른 곳에서는 말할 수 없는 고민들을 털어놓을 수 있다. 이런 민감한 내용을 깊이 경청하고(적극적으로 듣고 깊이 공감하며 신중히 생각하고), 깊이 배려하며 말하고 적절한 조언과 진정성이 있는 지적을 해준다면 사람들 역시 당신의 말을 경청하게 될 것이다. 빛으로 나아오면 빛이 될 수 있다.

다른 상담가들은 이런 특권을 거의 누리지 못하지만 당신은 이런 특권을 일상적으로 누릴 수 있다.

6. 이미 알고 있는 사람들과 상담할 기회가 있다. 다른 사람들이 당신을 알고 신뢰할 뿐 아니라 당신 역시 그들을 알고 있다. 목회자로서 이런 상황은 또다시 특별한 기회로 연결된다. 목회자로서 어떤 식으로든 꾸준히 노력해 왔다면 이미 교인들을 잘 알고 있을 것이다. 당신은 지속적으로 그들을 더 깊이 아는 시간들을 가졌을 것이다. 그런 직접적인 지식은 상담실을 벗어나지 않는 직업적 상담가들에 비해 놀라운 이점으로 작용한다. 당신은 사람들의 이름과 성격과 삶의 상황을 알고 있다.

그들이 살아오는 모습을 보아왔다. 이미 장점과 약점을 파악하고 있고, 쉽게 넘어지는 죄와 풍성하게 누리는 은혜, 긍정적인 습관이나 나쁜 습관에 대해서도 파악하고 있다. 이 남성은 자기 가족을 어떻게 대하고 있는가? 이 여성은 어려운 사람을 도우는 데 손을 기꺼이 보태고 있는가? 이 사람은 약속을 잘 지키는가, 아니면 당신은 그의 모습을 인내하며 기다려 주는 법을 배웠는가? 좌절과 곤경과 갈등을 만날 때 그 사람은 어떤 반응을 보이는가? 자신이 받은 축복에 대해 그는 어떻게 이야기하는가? 그녀는 어떤 태도로 예배를 드리는가? 당신은 사람들의 중요한 역사와 환경에 대해 알 수도 있다. 누군가의 가족을 알 수도 있다. 당신은 관련된 당사자들과 자연스럽게 접촉할 수 있다.

폭넓은 지식이 있으면 상담가들이 쉽게 빠지는 함정에서 보호받을 수 있다. 예를 들어, 상담가들은 이야기의 한 면만 들을 때가 종종 있다. 아전인수 격 이야기와 허위 사실을 들을 때가 적지 않다. 내담자들이 말하는 사실과 반응은 어느 정도 사실일 수도 있고, 그럴 듯해 보이지만 꾸준히 사실을 호도하여 정확하고 균형 잡힌 평가를 방해할 수도 있다. 타락한 우리 마음의 다양한 본능을 감안할 때 상담가들은 상담을 하고 있는 내담자의 편을 들고 싶은 유혹을 쉽게 받는다(잠 18:17). 자신의 억울함을 호소하는 25세 자녀가 어머니를 괴물처럼 묘사한다고 실제로 그것이 사실일 수 있는가? 어쩌면 그럴지도 모른다. 그러나 다행히 어머니와 딸을 모두 알고 있다면 정확히 어떤 상황인지 통찰력을 발휘하기가 더 쉬울 수 있다. 상담할 사람들을 이미 알고 있으며 전반적인 상황을 파악하고 있다는 사실은 목회적 배경의 상담 사역이 가진 특별한 장점이다.

다른 상담가들은 미리 내담자의 상황을 파악하고 사적인 대화에서 들은 내용을 점검할 일상의 기회를 가질 수 없다.

7. 당신은 이미 현명한 변화를 목표로 한 사람들과 상담할 기회가 있다. 당신과 그 사람들은 서로 아는 사이이다. 또한 목회자로서 당신은 무엇이 문제인지 그리고 성장해야 할 부분은 어디인지 스스로 잘 파악하고 있는 사람들을 대상으로 상담하게 될 것이다. 그런 투명한 평가가 꼭 확실하다고 할 수는 없지만, 어떤 일이 일어났을 때 당신은 또 다른 유리한 출발점에서 상담을 시작할 수 있다.

앞에서 상대방에 대한 신뢰, 솔직하고자 하는 의지, 거리낌 없이 조언을 받아들이려는 마음에 대한 기본적인 질문을 언급했다. 모든 상담에서 다음으로 중요한 질문은 상담을 하는 목적에 관한 것이다. "왜 우리가 여기 있습니까? 우리가 이루고자 하는 목표는 무엇입니까?" 일반적으로 상담을 원하는 대부분 사람들은 문제의 소지가 있는 것을 목표로 하고 찾아온다.

- 내 기분의 변화
- 환경의 변화
- 나의 억울함 해소
- 만능 비법 전수

현명한 상담가는 그 목표가 "내가 변하게 도와주세요"라는 목표로 변화되도록 참을성 있게 노력한다. 기독교 신앙과 사역은 특별히 구체적이고 다채로운 방법으로 '변화'라는 목표를 실현하고자 노력한다.

내적으로나 외적으로 제가 변화되게 도와주세요. 어디서 제가 어긋났는지 보게 도와주세요. 그리스도의 은혜와 진리가 저의 싸움에 실제적으로 적용되도록 방법을 알고 싶어요. 하나님을 의지하고 신뢰하며 사랑하는 법을 배우도록 도와주세요. 주님 안으로 피하도록 도와주세요. 영원히 변하지 않을 것에 소망을 두며, 세상의 쾌락을 쫓고자 과도한 욕망에 사로잡히지 않았으면 합니다. 제가 갈등과 소외를 어떤 식으로 자초하는지 더 분명히 보게 도와주세요. 저는 용서가 필요합니다. 저의 원수를 용서하고 건설적으로 사랑하게 도와주세요.

다소 정도의 차이는 있더라도 사람들이 이와 같은 목표 의식을 갖고 오기를 상담가는 기대한다. 교회 안에 명확하게 사고하는 분위기가 생생하게 살아 있다면 때로 (혹은 자주?) 당신은 실제로 중요한 가치가 무엇인지 이미 파악한 사람들을 상담하게 될 것이다. 완벽하지는 않더라도 정확한 목표를 아는 것만으로 엄청난 변화가 생긴다.

훌륭한 공적 사역, 소모임 활성화, 의미 있는 우정, 적절한 개인적 헌신이 있으면 이미 진실의 핵심을 아는 사람들이 형성된다. 그들은 영혼의 싸움이 무엇인지 진실을 안다. 하나님이 어떻게 교통하시는지 본질을 이해한다. 그러나 우리는 누구나 전체를 이해하기 위해 도움이 필요하다. 우리가 머리로 아는 지식과 실제 삶 사이의 모순을 극복하기 위해서는 항상 도움이 필요하다. 우리와 상담하는 사람들은 놀라운 뜻밖의 발견이 필요하다. 지혜로운 목회자와 정직하게 자신을 돌아보며 참을성 있게 스스로의 내면을 탐색하는 대화를 나누는 사람들은 예외 없이 이런 놀라운 발견을 체험한다.

어떤 상담가도 자신에게 가장 절실한 것이 무엇인지 이미 파악하고 있는 사람들과 정기적으로 상담할 기회를 가질 수 없다. 영혼을 치유하는 목회자의 책임이 특별한 것처럼 목회자의 이런 상담 기회 역시 특별하다. 이런 기회를 생각할 때 마음이 흥분으로 전율하기를 바란다. 그리고 이런 목회적 성취가 대망하는 목회적 목표를 이루기 위한 긴 싸움에 힘이 될 수 있기를 바란다.

목회자만의 특별한 상담 방식

멀리서 보면 대부분의 상담가들은 동일한 일을 하는 것처럼 보인다. 이른바 문제를 가진 사람들을 대상으로 상담을 하는 것이다. 대화는 내담자의 고민에 집중된다. 내담자를 돕고자 하는 상담가는 친절하며, 개선되는 방향으로 돕고자 하는 의도를 보여 준다. 필요한 질문을 하고, 자신의 내면을 정직하게 드러내도록 유도하며, 주의 깊게 귀 기울여 듣는다. 생각을 명료화하고, 자신과 직면하도록 이끄며, 희망을 주고, 방향을 재설정하고, 영향을 미치고, 재조정하기 위한 의도로 피드백을 제공한다. 고민하며 갈등하는 내담자는 대화를 마음에 새기며 행동함으로 기분이나 생각이나 행동의 변화를 경험한다. 그러나 외견상의 유사성은 다른 종교 간의 유사성과 비슷하다. 가까워졌다고 생각하는 순간 조직적이고 거대한 차이를 깨닫게 된다.

당신의 상담 방법은 특별하다. 일련의 질문은 전형적이지 않은 방향으로 진행된다. 문제의 원인에 대한 당신의 해석 때문에 대화는 누구도 나누어 본 적이 없는 지점으로 나아간다. 당신의 자기 개방과 적절한 객관화는 일반 상담과 다른 원리를 준수하며 다른 일련의 목적을 드러낸다. 당신은 창조하셨고 유지하시며 심판하시고 구원하시는 하나님의 사역을 증거한다. 위대한 의사가 아니라 그 의사의 조수로 섬긴다. 이런 방법은 대화의 어조와 내용의 수많은 세세한 면까지 영향을 미친다. 상담가로서 자신의 소명에 대해 가진 이미지, 다시 말해서 목사이자 목자, 사역자이자 종, 책임감 있게 행동하는 형제, 그리스도의 몸의 지체, 고통당하며 구원자가 필요한 동일한 죄인이라는 자신에 대한 이미지는 발생하는 모든 일에 미묘하면서도 공개적으로 영향을 미친다.[14] 이 부분은 책 한 권을 써도 모자라겠지만 여기서는 예술 중의 예술에 접근하는 방식의 특별한 한 측면만을 강조하고자 한다. **그것은 당신이 상담하는 사람들과 함께 기도하고 그들을 위해 기도한다는 사실이다.**

이것이 얼마나 특별한지 알겠는가? 일반적인 세속의 상담가들은 기도하지 않는 데 비해 우리는 당연한 하나의 과정으로 기도를 한다는 것이 얼마나 중요한지 생각해 본 적이 있는가? 우리 문화권에서 공인한 심리치료사들, 즉 정신과 의사, 임상 심리학자, 사회복지사, 전문 상담사, 부부 관계와 가정을 전문으로 하는 치료사 등은 원칙적으로 사람들과 함께 기도하거나 그들을 위해 기도하지 않는다.[15] 이런 치료 방식의 차이는 그들이 외부적인 도움이 필요하다거나, 요구된다거나, 활용 가능하다고 믿지 않는다는 의미이다. 그들과 그들이 상담하는 사람들은 문제를 이해하고 알찬 삶을 선택하는 데 필요한 모든 것을 스스로 소유하고 있다고 믿는 것 같다. 개인의 내면에 답이 있으며 그를 지지하는 실제적이고 통찰력 있는 치료사의 도움이나 정신과 약물 사용으로 잘 찾을 수 있다고 생각한다.

목회자로서 당신은 인간의 어려움을 설명하고 치료할 때 참되신 하나님을 사랑하지 않으면 다른 무엇인가를 섬길 수밖에 없는 적극적이고 의도적인 마음을 지닌다는 현실을 배제해서는 안 된다고 믿는다. 오직 외부적인 주체만이 방황하는 마음을 주의 깊게 듣는 심령으로 변화시킬 수 있다. 영혼의 진정한 치료를 위해서는 영혼의 기만자, 원수, 노예 감독관의 악한 적개심을 무시해서는 안 된다. 전쟁의 자욱한 포화 속에서 상황을 명료하게 보도록 도와줄 이가 누구이겠는가? 지혜는 살아계신 하나님을 아는 지식을 억압하지 않는다. 누가 우리를 악에서 건져 줄 수 있겠는가? 우리와 우리가 상담하는 사람들이 지혜가 부족할 때 필요한 지혜를 누가 베풀어 줄 수 있겠는가? 당신은 실제적인 도움이 필요하며 그 도움을 원한다. 그러므로 사람들과 함께 기도하고 그들을 위해 기도한다. 정직하게 믿음의 기도를 드리도록 사람들을 가르치는 것은 아주 중요한 상담의 목표이다. 우리가 기도하는 이유는 사람들이 죄용서를 필요로 하기 때문이며, 당신에게는 그 죄용서를 베풀 능력이 없다. 그들에게는 절대 그들을 버리거나 떠나지 않을 목자가 필요하다. 그리고 당신은 그 사람이 아니다. 그들은 예수님을 죽은 자 가운데서 일으켜 살리신 능력이 필요하다. 그리고 당신도 당연히 그러하다. 그들은 부활의 소망이 필요하며 언젠가 더 이상 눈물 흘릴 일이 없고 모든 죄가 깨끗이 씻음 받으리라는 소망이 필요하다. 그리고 당신에게도 그들과 동일한 필요가 있다. 그들은 더 진실한 삶을 살고, 더 깊이 사고하고, 모든 필요가 충족되도록 사랑으로 역사하는 믿음이 필요하다.

- 본격적인 대화를 나누기 전에 그들을 위해 기도한다.
- 대화하는 가운데 마음으로 기도한다.
- 대화가 더 바람직한 방향으로 진행되도록 사람들과 함께 기도한다.
- 상담이 끝난 후에 그들을 위해 기도한다.

목회자의 상담 방식은 세속 상담에서 볼 수 없는 특별한 방식이다.

목회자는 특별한 메시지로 상담한다

목회 상담의 메시지가 세속적인 상담과 얼마나 다른지는 쉽게 확인할 수 있다. 그러나 당신은 이 사실을 이미 알고 있다. 그리스도의 헤아릴 수 없는 부요함을 다시 강조한다거나 수없이 많은 관련 함의들을 새삼 이야기하지는 않을 것이다. 그러나 대조하는 방식으로 우리 메시지가 얼마나 특별한지는 꼭 지적하고 싶다.

모든 상담가는 소위 '메시지'를 전달한다. 쉽게 말해 문제에 대한 해석, 전후 관계와 상황을 되짚어보는 논리, 치료를 위한 제안, 인간다움의 회복을 강조하는 목표가 여기에 해당한다. 그들의 메시지와 비교했을 때 목회자로서 당신이 보내야 하는 메시지는 무엇인가? 간단하게 우리 문화의 일반 상담가들이 말하지 않는 내용이 무엇인지 생각해 보면 된다.

- '야훼, 아버지, 예수, 성령, 전능자, 구원자, 위로자'처럼 여러 이름을 가진 하나님을 그들은 절대 언급하지 않는다.
- 하나님이 모든 인간의 마음을 살피시며 모든 인간은 마지막 날에 엎드려 생전에 했던 생각과 말과 행동과 선택과 정서와 신념과 태도에 대해 일일이 이실직고하게 될 것임을 말하지 않는다.
- 죄성과 죄를 일절 언급하지 않으며, 인간은 강박적이고 충동적으로 하나님께 죄를 짓는다는 사실을 말하지 않는다.
- 하나님의 자비와 심판이라는 뜻 안에서 고난이 가진 의미를 절대 말하지 않는다.
- 절대 예수 그리스도를 언급하지 않는다. 자만심과 자기 확신, 자기 신뢰나 자기 구원 계획, 자기 의와 자신을 믿는 모든 행위는 그분에 대한 모독이다.

- 하나님이 실제로 죄를 용서하심을 절대 말하지 않는다.
- 주님이 우리 피난처이심을 절대 말하지 않는다. 사망의 어두운 골짜기로 다니더라도 해를 두려워하지 않을 수 있음을 말하지 않는다.
- 생물학적 요인들과 개인적인 경험들이 살아계신 하나님의 섭리와 목적 안에 있음을 언급하지 않는다. 또한 타고난 환경과 양육 과정은 도덕적 책임 소재와 관련해 논쟁의 여지가 있지만 고의적인 행동은 꼭 책임을 져야 한다는 사실을 언급하지 않는다.
- 악을 악으로 갚고자 하는 우리의 성향을 언급하지 않으며, 고난과 어려움을 겪을 때 원망하며 불안과 절망과 원한과 열등감과 현실에서 도피하고 싶은 유혹에 얼마나 쉽게 흔들리는지 말해 주지 않는다.
- 선을 악으로 갚는 우리의 성향을 이야기해 주지 않으며, 형통할 때 자기를 신뢰하며 감사치 않고 자기 확신과 특권 의식과 오만함과 우월 의식과 탐욕의 유혹을 얼마나 쉽게 받는지 말해 주지 않는다.
- 인간 존재는 개인적 필요를 절감하며 꿇어 엎드리는 의식적인 예배자가 되도록 만들어진 존재임을 말하지 않는다. 그리스도의 몸과 피의 선물을 받고자 손을 높이 들고 간절한 마음으로 목소리 높여 찬송을 부르며 엎드려 예배해야 한다는 것을 말

하지 않는다.
- 인간 존재는 하나님이 주신 선물을 이용해 하나님 나라를 확장하고 영광을 드높이며 사명을 감당하는 삶을 살아야 함을 말해 주지 않는다.
- 변화할 수 있는 능력이 우리 내부에 없다는 사실을 절대 말하지 않는다.

다시 말해서 그들은 항상 그들의 핵심적 신념에 충실한 상담을 한다.

반면에 목회자는 이 모든 것을 언급한다. 이런 사실들을 언급하지 않는 목회자는 목회자라고 할 수 없다. 나아가 상담을 요청한 사람에게 단순히 교훈적인 훈수만 필요한 것처럼 이런 사실들을 언급하거나 나열하는 선에서 만족해서는 절대 안 된다. 유능한 음악가처럼 듣는 귀를 훈련해야 한다. 모든 사람의 세세한 부분까지, 언급되지 않은 이런 사실들의 음악을 듣는 법을 배워야 한다. 실제로 무슨 일이 벌어지는지 다른 사람들이 듣도록 도와야 한다. 목양을 위한 시의적절하고 정직한 대화는 다른 사람들에게 경청하는 법을 가르치며, 이어서 그 노래를 함께 부르는 법을 가르친다. 더 이상 말할 필요가 있겠는가? 세속 상담가들은 당신이 듣고 있는 것을 듣지 않는다. 당신이 말해야 하는 것을 말하지 않는다. 값없이 줄 수 있도록 당신이 받았던 것을 다른 세속 상담가는 주지 않는다. "상담이 필요한" 모든 사람은 실제로 당신의 특별한 메시지를 필요로 한다.

특별한 공동체적 상황에서 진행되는 상담

목회자는 상담소가 아닌 교회 내에서 상담을 한다. 그렇다고 다른 상담소들과 다른 건물에 사무실이 있어야 한다는 의미는 아니다. 목회자의 상담 환경은 독특한 가능성을 포함하고 있다. 하나님은 교회가 상담의 지혜를 배우는 학교 역할을 하기를 원하신다. 당신은 목회 상담 팀의 잠재적 팀원인 회중을 섬기고 있다. 더욱이, 당신이 성공적으로 상담한 모든 사람은 어떤 면에서 다른 사람들을 도울 더 나은 상담가가 된다. 나는 이렇게 성장하는 사람들을 수없이 목격했다.

다른 세속의 상담가들은 개인 상담소에서 전문 상담가로 활동하거나 준 의료 기관에서 치료 팀에 소속되어 활동한다. 그러나 치료사들은 때로 상담 활동이 실제로 공동체 기반의 활동이 되기를 꿈꾼다. 예를 들어, 지그문트 프로이트는 정신분석학으로 훈련된 공동체 종사자들이 모든 공동체로 파견되어 서비스를 제공할 수 있는 날을 꿈꾸었다.[16] 지난 100년 동안 많은 정신과 의사들과 심리치료사들은 고민 끝에 사무실 중심의 직업적 상담 활동의 한계를 솔직히 인정하였고 공동체 기반의 "정신 건강 서비스"를 절실하게 원하였다. 사람들의 문제가 가정이나 직장 또는 일상생활 속의 각종 관계들과 긴급 사태와 우발적 사고 속에서 드러나기 때문에 이런 필요성을 느끼는 것은 너무나 당연하다. 그러나 세속 상담가들은 이런 꿈을 이루는 데 필요한 것을 실행하기에는 거의 무기력했다.

목회자는 그들의 꿈을 현실 속에서 실제로 경험하고 있다.

목회자는 이상적인 공동체 상황 속에서 일하고 있다. 이미 서로를 잘 알고 사랑하는 사람들이 일상생활 속에서 현명한 상담 활동을 하는 모습은 교회의 태생적 특권에 해당한다. 고민이 있는 사람들은 자연스러운 사회적 상황 속에서 의미와 관계를 발견하며, 의미와 관계를 누리는 사람들은 더 이상 괴롭지 않다. 그리스도의 몸은 상담 실무를 보기에 이상적인 곳이다.

그렇다고 지금 교회의 실상이 이런 아름다운 꿈과 다소 거리가 멀다는 사실을 부인하는 것은 아니다. 현실은 이런 꿈에서 한창 멀다. 교회가 문제를 지혜롭게 정확히 다루고 있는지 판단해 본다면 교회 현실은 혼수상태나 불면의 밤이나 악몽에 더 가까운 것 같다. 그러나 교회로서 우리의 실패는 항상 에베소서 4장의 출구가 기다리고 있다. 꿈은 이루어진다. 공동체 기반의 상담은 교회의 DNA에 있을 뿐 아니라 종말론적 소망에 해당한다. 지금 우리가 할 일은 단순히 올바른 방향으로 다음 발걸음을 옮기는 것이다.

이제 우리만이 누릴 수 있는 공동체적 환경에 대한 시각을 마지막으로 소개하며 마무리하고자 한다. 우리는 수세기를 거슬러 올라가는 목회적 돌봄의 전통 안에 서 있다. 우리 앞에 지혜로운 그리스도인들이 줄지어 있다. 우리 형제들에게서 배우는 일을 시작하라.

모든 목회자는 거의 1500여 년 전에 쓰인 그레고리 대제의 「목회 돌봄」Pastoral Care을 읽음으로 도움을 받을 수 있다. 예수의 복음에 대한 더 훌륭한 해석학과 더 넓은 교리적 이해와 그 풍성함에 대한 더 깊은 깨달음을 얻을 수 있다. 그러나 그레고리는 복음의 개인적 적용을 더 깊이 아는 편이었다. 사례를 통한 지식이 풍부했고 사람마다 다른 차이를 받아들이는 유연성을 발휘했다. 목양의 책무에 대해 잘 알고 있었고 자신의 성취에 대해 누구보다 겸손했으며 죄의 교묘함에 대한 경계심을 풀지 않았다. 그의 어깨에 올라타기 바란다.

모든 목회자는 리처드 백스터의 「참 목자상」The Reformed Pastor을 읽어 보면 도움을 받을 수 있다. 백스터의 책은 내용 면에서 밀도가 높고 모든 고서들이 그러하듯이 예스럽다. 당신은 그와 동일한 방식으로 목회를 하고 싶지는 않을 것이다. 그러나 백스터의 책을 읽으면 더 지혜로운 목회자가 될 수 있다. 마찬가지로, 모든 목회자는 토마스 오덴Thomas Oden의 「목회 상담」

*Pastoral Counsel*과 디트리히 본회퍼의 「성도의 공동생활」*Life Together*을 읽음으로 도움을 받을 수 있다.[17] 오덴의 고대 지혜에 대한 요약은 전에는 존재조차 몰랐던 지혜로운 목회자들을 당신에게 소개해 줄 것이다. 교회사를 배울 때 교회의 성장과 교회 정치와 관련된 사건들을 살펴보았을 것이다. 오덴은 목회자들이 어떻게 목회했는지 탐색한다. 본회퍼의 20세기 지혜와 모범은 특별한 상담 소명을 감당할 때 필요한 정보와 용기를 줄 것이다. 모든 목회자는 또한 앨런 페이튼Alan Paton의 「울어라, 사랑하는 조국이여」*Cry, The Beloved Country*와 메릴린 로빈슨Marilynne Robinson의 「길리아드」*Gilead*[18]에서 도움을 얻을 수 있다. 왜 허구의 소설을 추천하는가? 두 책 모두 주인공이 목회자이다. 추한 삶의 여러 모습들이 드러나는 가운데 그리스도인의 삶과 사역이 내면에 어떤 영향을 미치는지 배우게 된다.

물론, 성경적 상담이 다시 부흥하는 이 시대에 모든 목회자는 스승들의 글을 읽고 들음으로 유익을 누릴 수 있다고 생각한다. 하지만 사역은 단순히 과거의 지혜라는 금광을 되찾는 수준으로 절대 이루어지지 않는다. 목회 신학은 새로운 사역에 착수해야 한다. 현대의 저자들은 교회가 이전에 한 번도 다루지 않았거나 그렇게 섬세하게 다룬 적이 없었던 질문들과 문제들을 다룬다. 이들의 모든 노력이 시간이나 사역, 성경의 시험을 통과하지는 못할 것이다. 당신은 알곡과 쭉정이를 골라내는 작업을 하게 될 것이다.

존 파이퍼John Piper는 우리의 삶과 상담이 우리가 선포하는 믿음을 어떻게 표현해야 하는지 막힘없이 써 내려간다. 상담이라는 소명에 그리스도의 몸이 어떤 식으로 참여해야 하는지 보여 준다. 믿음의 인내는 항상 공동체적 과업이며 이 사실은 과거나 미래에도 마찬가지다.

> 히브리서에 따르면 성도들의 인내는 공동체적 과업이다. 따라서 우리는 교회 생활의 생명선인 성경적 상담이 필요하다. … 인내는 공동체적 과업이다. 교회에 상담이 반드시 필요한 이유가 이것이므로 다시 한번 이 점을 강조하지 않을 수 없다.[19]

목회자들이여, 여러분의 책임, 기회, 방법, 메시지, 상황이 특별한 이유는 그리스도 안에서 믿음의 인내가 공동체적 과업이기 때문이다. 이것은 언제나 그러했고 앞으로도 그러할 것이다.

부록

추천의 글에서 살펴본 대로 데이비드 폴리슨은 수십 년 동안 CCEF에서 사역했다. CCEF는 그리스도를 상담의 중심으로 복원하고 교회가 상담을 다시 회복하는 것을 사명으로 삼는다. 50여 년의 사역 기간 동안 우리는 목회자와 다른 기독교 상담가들이 하나님의 말씀을 일상의 문제에 적용하도록 돕는 성경적 상담 모델을 개발했다(더 자세한 정보는 https://ccef.org/about/for를 참고하라).

이제 사역에 도움이 되었으면 하는 마음에서 다양한 자료들을 소개할 것이다. 여기에는 예상치 못한 다양한 주제를 폭넓게 다룬 책이 몇 권 포함되어 있다. 데이비드가 인간성에 대한 더 깊이 있는 시각을 발전시키는 데 도움이 되어 자주 소개했던 책들이 상당수이다. 더 정확하고 지식에 기반한 목회적 돌봄을 고대하며 다른 자료들도 포함하였다.

_CCEF 교수진

데이비드 폴리슨의 저서와 논문

데이비드는 스스로 자신의 책을 소개하려 하지 않았겠지만 그의 책은 분명히 관심을 가질 가치가 있다. 그는 때로 자신을 에세이스트essayist라고 말했고 이런 표현은 적절했다. 그의 글은 대부분 짧고 압축적이며 목적 의식이 분명하게 드러난다. 항상 천천히 음미하며 읽을 가치가 있다.

「고통의 길에서 은혜를 만나다」*God's Grace in Your Suffering*(2018), 토기장이는 자신의 고통에 대한 소망과 성경적 가르침을 원하는 많은 사람들에게 축복이었다.

「악한 분노, 선한 분노」*Good and Angry: Redeeming Anger, Irritation, Complaining, and Bitterness*(2016), 토기장이는 우리의 분노가 하나님의 분노와 어떤 면에서 유사한지 통찰력 있는 시각으로 들여다본다.

「일상의 성화」*How Does Sanctification Work?*(2017), 토기장이는 변화와 성장의 과정을 선명하게 드러내는 짧은 책이다. '성경적 변화의 역동성'이라는 큰 인기가 있었던 수십 년간의 강의 내용을 압축해서 소개한다.

「만물을 새롭게 하다」*Making All Things New: Restoring Joy to the Sexually Broken*(2017)는 한 가지 주제만 다룬 책으로 성적으로 무너진 상태에 대한 통찰과 유익한 도움을 제공하고 있다.

「일상의 영적 전쟁」*Safe and Sound : Standing Firm in Spiritual Battles*(2019), 토기장이은 그가 마지막으로 쓴 책이자 가장 개인적인 책이다. 영적 전

쟁에 관해 이전해 썼던 글들을 다시 정리하고 보완한 것이다.

데이비드는 또한 CCEF의 〈성경 상담 저널〉의 책임 편집자였다. 재직 기간 동안 그는 100편이 넘는 기사를 썼고 그중 일부는 나중에 책으로 출판되었다.

데이비드가 추천한 책

본서인 「목회자, 기도하는 상담가」를 보고 데이비드가 책을 얼마나 사랑하는지 알아차렸을 것이다. 아래 소개한 고전들은 사랑, 증오, 죽음, 망가진 관계, 신의와 변화를 주제로 하고 있다. 이 책들은 인간의 마음과 도덕적 갈등에 대한 복합적인 시각을 공유하며 인간은 단순한 카테고리로 쉽게 환원될 수 없는 존재임을 보여 준다. 데이비드에게 이것은 중요한 진리였다.

조셉 콘래드 Joseph Conrad, 「암흑의 핵심」 *Heart of Darkness*(1899), 민음사

표도르 도스토옙스키 Fyodor Dostoevsky, 「카라마조프가의 형제들」 *Brothers Karamazov*(1880)

─────, 「죄와 벌」 *Crime and Punishment*(1866)

─────, 「악령」 *The Possessed*(1872)

프레드 깁슨 Fred Gipson, 「내 사랑 옐러」 *Old Yeller*(1956), 미래엔아이세움

마크 헬프린 Mark Helprin, 「위대한 전쟁과 병사」 *A Soldier of the Great War*(1991)

리차드 르웰린^{Richard Llewellyn}, 「나의 계곡은 푸르렀다」*How Green Was My Valley*(1939)

앨런 페이튼^{Alan Paton}, 「울어라, 사랑하는 조국이여」*Cry, the Beloved Country*(1948)

메릴린 로빈슨^{Marilynne Robinson}, 「길리아드」*Gilead*(2004), 마로니에북스

알렉산더 솔제니친^{Alexander Solzhenitsyn}, 「수용소 군도」*The Gulag Archipelago: An Experiment in Literary Investigation*(1958–1968)

J. R. R. 톨킨^{J. R. R. Tolkien}, 「반지의 제왕」*Lord of the Rings*(1937–1949), 아르테

엘리 위젤^{Elie Wiesel}, 「나이트」*Night*(1960), 예담

소설은 인간의 마음의 깊은 심연으로 우리를 데려간다. 전기도 마찬가지다. 데이비드의 도서 목록을 보면 저명한 인사들의 전기를 꾸준하게 탐독한 것 같다. 관련된 장르는 개인적이고 정신과적인 문제를 1인칭으로 서술한 이야기이다. 이런 이야기들은 이해하기 어려운 문제들과 씨름하는 사람들을 이해할 수 있는 유익한 통찰을 제공하며 이들에 대한 연민을 불러일으킨다.

캐시 크리민스^{Cathy Crimmins}, 「망고 공주는 어디에?」*Where Is the Mango Princess?: A Journey Back from Brain Injury*(2012)

레이첼 댄홀랜더^{Rachel Denhollander}, 「한 소녀의 가치」*What Is a Girl*

Worth?: My Story of Breaking the Silence and Exposing the Truth about Larry Nassar and USA Gymnastics』(2019)

케이 레드필드 제이미슨 Kay Redfield Jamison, 『조울병, 나는 이렇게 극복했다』 An Unquiet Mind: A Memoir of Moods and Madness(1996), 하나의학사

레이첼 레디랜드 Rachel Reiland, 『여기서 나를 꺼내 주세요』 Get Me Out of Here: My Recovery from Borderline Personality Disorder(2009)

데이비드 셰프 David Sheff, 『뷰티풀 보이』 Beautiful Boy: A Father's Journey through His Son's Addiction(2009), 시공사

기타 유익한 자료

이 단원에서는 목회적 돌봄 사역에 도움이 될 추가 자료를 소개한다. 미니북을 비롯해 CCEF 교수진이 쓴 책들은 우리 웹사이트(ccef.org)에서 확인할 수 있다.

CCEF 미니북

CCEF 직원들이 목회자에게서 가장 많이 듣는 요청은 미니북을 더 만들어 달라는 것이다. 교회 서가에서 미니북을 보면 누군가 금방 빌려간다. 각 책자는 공통의 고민을 찾아내고 기록하며 성경적 희망과 방향을 제시한다. 목회자의 평생 교육과 설교 준비에 유용한 자료이며 교인들에게 배포하기에도 좋은 자료이다.

데이비드와 CCEF의 상담가들과 교수진을 비롯한 다양한 저자들이 이 미니북 집필에 참여하였으며 이에 동참하는 다른 목회 상담가들도 많이 늘어나고 있다. 많은 주제들 중에 대표적인 주제는 결혼, 미혼, 자녀 양육, 성욕, 트라우마, 학대, 유혹, 의심이며 우울증, 분노, 불안, 과식과 같은 주제들도 포함된다.

CCEF 교수진이 집필한 책

CCEF 교수진이 집필한 제자도와 상담에 관한 책의 목록을 소개한다. 본서와 특징적인 부분은 내용이 비슷하다.

마이클 R. 엠렛Michael R. Emlet, 「인생과 성경이 만나는 지점」 Cross Talk: Where Life and Scripture Meet(2009)

―――, 「진단과 처방」Descriptions and Prescriptions: A Biblical Perspective on Psychiatric Diagnoses and Medications(2017)

―――, 「성도와 고통스러운 인간과 죄인」Saints, Sufferers, and Sinners: Loving Others as God Loves Us」(2021)

J. 알라스데어 그로브스 윈스턴 T. 스미스J. Alasdair Groves and Winston T. Smith, 「뒤얽힌 감정의 해소」Untangling Emotions(2019)

줄리 로우Julie Lowe, 「어린이와 십 대를 위한 성경적 상담의 가교를 놓다」Building Bridges: Biblical Counseling Activities for Children and Teens(2020)

―――, 「믿음으로 이루어지는 자녀 양육」Child Proof: Parenting by

Faith, Not Formula(2018)

윈스톤 T. 스미스Winston T Smith, 「결혼, 평범한 순간에 맛보는 놀라운 변화」Marriage Matters: Extraordinary Change through Ordinary Moments(2010)

더비 A. 스트릭랜드Darby A. Strickland, 「가정 폭력이란?」Is It Abuse?: A Biblical Guide to Identifying Domestic Abuse and Helping Victims(2020)

에드워드 T. 웰치Edward T. Welch, 「서로를 돌아보다」Caring for One Another: 8 Ways to Cultivate Meaningful Relationships(Edward T. Welch)

─────, 「상담가를 위한 뇌와 뇌질환 가이드」The Counselor's Guide to the Brain and its Disorders: Knowing the Difference between Disease and Sin(1991)

─────, 「하나님과 교제하도록 창조된 우리」Created to Draw Near: Our Life as God's Royal Priests(2020)

─────, 「하나님 대체 어디 계세요?」Depression: Looking Up from the Stubborn Dark ness(2011), 그리심

─────, 「극한 두려움과 하나님의 안식」Running Scared: Fear, Worry, and the God of Rest(2007)

─────, 「수치심은 그만」Shame Interrupted: How God Lifts the Pain of Worthlessness and Rejection(2012)

─────, 「동행」Side by Side: Walking with Others in Wisdom and Love(2015), 그리심

─────, 「분노, 인내, 그리고 평안에 관한 50일 묵상」A Small Book about a Big Problem: Meditations on Anger, Patience, and Peace(2017), 그리심

─────, 「불안한 마음과 묵상에 관한 소책자」A Small Book for the

Anxious Heart: Meditations on Fear, Worry, and Trust(2019)

────, 「사람이 커 보일 때 하나님이 작아 보일 때」_When People Are Big and God Is Small: Overcoming Peer Pressure, Codependency, and the Fear of Man_(1997), 개혁주의신학사

CCEF 교수진이 추천하는 책

유익한 책을 소개하자면 그 목록이 끝이 없다. 우리 교수진의 사고와 상담 현장에 지대한 영향을 미친 책들의 일부는 다음과 같다.

제인 오스틴Jane Austen, 「오만과 편견」_Pride and Prejudice_(1813)

리처드 백스터Richard Baxter, 「참 목자상」_The Reformed Pastor_(1656), 생명의말씀사

디트리히 본회퍼Dietrich Bonhoeffer, 「성도의 공동생활」_Life Together: The Classic Exploration of Christian Community_(1939), 복있는사람

자크 에스윈Zach Eswine, 「불완전한 목회자」_The Imperfect Pastor: Discovering Joy in Our Limitations through a Daily Apprenticeship with Jesus_(2015)

그레고리 대제Gregory the Great, 「목회 돌봄」_Pastoral Care_(c. 590)

낸시 거스리Nancy Guthrie, 「애도하는 사람들에게 필요한 진정한 도움」_What Grieving People Wish You Knew about What Really Helps (and What Really Hurts)_(2016)

마크 해던Mark Haddon, 「한밤중에 개에게 일어난 의문의 사건」

The Curious Incident of the Dog in the Night-Time(2003), 문학수첩 리틀북

E. 브룩스 홀리필드E. Brooks Holifield, 「미국 목회 돌봄의 역사」 *A History of Pastoral Care in America: From Salvation to Self-Realization*(1983)

켈리 M. 케이픽Kelly M Kapic, 「고통의 신학」*Embodied Hope: A Theological Meditation on Pain and Suffering*(2017), CLC

티모시 켈러Timothy Keller, 「팀 켈러의 기도」*Prayer: Experiencing Awe and Intimacy with God*(2016), 두란노

딕 케예스Dick Keyes, 「정체성 너머」*Beyond Identity*(2012)

다이앤 랭버그Diane Langberg, 「고통과 하나님의 마음」*Suffering and the Heart of God: How Trauma Destroys and Christ Restores*(2015)

C. S. 루이스C. S. Lewis, 「천국과 지옥의 이혼」*The Great Divorce*(1945), 홍성사

―――, 「스크루테이프의 편지」*The Screwtape Letters*(1942), 홍성사

샐리 로이드 존스Sally Lloyd-Jones, 「스토리 바이블」*The Jesus Storybook Bible: Every Story Whispers His Name*(2007), 두란노

폴 E. 밀러Paul E. Miller, 「일상기도」*A Praying Life: Connecting with God in a Distracting World*(2009), CUP

―――, 「일상에서 예수님처럼 사랑하다」*Love Walked among Us: Learning to Love Like Jesus*(2014)

토마스 C. 오덴Thomas C. Oden, 「목회 상담」*Pastoral Counsel, vol. 3, Classical Pastoral Care*(1987)

알프레드 J. 포이리어Alfred J. Poirier, 「화평케 하는 목회자」*The*

Peacemaking Pastor: A Biblical Guide to Resolving Church Conflict(2006)

폴 데이비드 트립^{Paul David Tripp}, 「목회, 위험한 소명」*Dangerous Calling: Confronting the Unique Challenges of Pastoral Ministry*(2015), 생명의말씀사

──, 「복음 위에 세운 결혼」*Marriage: Six Gospel Commitments Every Couple Needs to Make*(2021), 아바서원

──, 「고난」*Suffering: Gospel Hope When Life Doesn't Make Sense*(2018), 생명의말씀사

베셀 반 데어 콜크^{Bessel van der Kolk}, 「몸은 기억한다」*The Body Keeps the Score: Brain, Mind, and Body in the Healing of Trauma*(2015), 을유문화사

주

1. 정신 건강 전문가들은 미국 정신 의학회(American Psychiatric Association; APA)에서 발간한 정신장애 진단 및 통계편람(Diagnostic and Statistical Manual of Mental Disordes(DSM)을 이용해 고객들을 진단한다. 현재 다섯 번째 개정판이며 이 개정판(DSM-5)은 2013년에 출판되었다.

2. W. W. Meissner, The Psychotherapies: Individual, Family, and Group," Armand Nicholi가 편집한 *The Harvard Guide to Psychiatry* (Cambridge, MA: Belknap Press, 1999), 418-419에 수록됨.

3. Meissner, 위와 동일, 418.

4. Sigmund Freud, *The Question of Lay Analysis* (1926; repr., New York: Norton, 1969), 108.

5. 심층 연구를 원하는 독자는 Armand Nicholi의 *Harvard Guide to Psychiatry*, 7-22쪽에 수록된 The Therapist-Patient Relationship을 참고하면 된다. 또한 Peter Kramer의 *Moments of Engagement* (New York: Norton, 1989)에서 특히 182-218쪽과 Perry London의 명저인 *The Modes and Morals of Psychotherapy* (New York: Holt,

Rinehart & Winston, 1964)를 참고하라.

6. 모든 심리치료사가 정신분석 심리치료사들이 중요하게 생각하는 소위 냉정한 객관적 입장에 동의하는 것은 아니다. 예를 들어, 버지니아 스태어(Virginia Satir), 앨버트 엘리스(Albert Ellis), 프리츠 펄스(Fritz Perls), 스티븐 헤이즈(Steven Hayes)의 방식에 동의하는 사람들은 상담의 순간에 역동적이고 카리스마적 '존재감'을 부각시키며 자신의 의견이나 감정, 반응이나 주장, 개인적 확신을 자유롭게 표현한다. 그들은 자신의 가치와 시각을 타인들에게 그토록 자유롭게 주장할 수 있는 권리를 무엇으로 확인하는가? 상담자로서 별도의 자세를 취하는 심리치료사들은 보다 강압적인 심리치료사들이 고질적으로 보이는 과장과 허풍의 위험성을 제대로 짚고 있다. 그러나 소위 강압적인 상담가들은 모든 형태의 상담에서 가치는 '유도되는' 것이며 이른바 중립성이라는 평계는 그 과정을 더 은밀하게 만들 뿐임을 정확히 지적하고 있다. 오직 기독교적 신앙만이 강요하거나 조작하지 않고 공개적이고 일관되게 가치를 이끌어내는 원칙을 구체적으로 실현한다.

7. 목회자가 상담에 얼마나 많은 시간을 사용해야 하는지와 그가 헌신적으로 돌봐야 하는 사람은 어떤 이들인지에 대해서는 David Powlison의 *Speaking Truth in Love* (Greensboro, NC: New Growth Press, 2005), 127–132의 "Pastoral Counseling"을 참고하라.

8. Gregory the Great, *Pastoral Care*, trans. Henry Davis (591; repr., New York: Newman Press, 1950), 1:1, 21.

9. Gregory the Great, *Pastoral Care*, 229.

10. Gregory the Great, *Pastoral Care*, 89, 226.

11. Dietrich Bonhoeffer, *Life Together and Prayerbook of the Bible*, vol. 5, Dietrich Bonhoeffer Works (Minneapolis: Fortress Press, 1996), 115.

12. Richard Baxter, *The Reformed Pastor* (1656; repr., Edinburgh: Banner of Truth, 1974), 1:1:2, 61. (「참 목자상」, 생명의말씀사, 2012)

13. Richard Baxter, *The Reformed Pastor*, 1:1:3, 63. (「참 목자상」, 생명의말씀사, 2012)

14. 기독교 사역과 세속 심리치료에서 상담가의 역할을 어떻게 바라보는지에 대해서는 필자의 "Familial Counseling: The Paradigm for Counselor-Counselee Relationships in 1 Thessalonians 5," *Journal of Biblical Counseling 25* (2007년 겨울호): 2–16을 참고하라.

15. 상담가가 개인적인 종교적 신념으로 전문 상담가적 접근 방식과 전형적인 역할과 다르게 행동할 수 있다. 그러나 기도를 하는 경우는 거의 없다.

16. Freud, *The Question of Lay Analysis*, 98–99.

17. *Classical Pastoral Care* 3권(Grand Rapids, MI: Baker, 1987)에 수록된 Richard Baxter, *The Reformed Pastor*; Thomas C. Oden, *Pastoral Counsel*, Bonhoeffer, *Life Together*.

18. Alan Paton, *Cry, the Beloved Country* (1948; repr., New York:

Scribner, 1987); Marilynne Robinson, *Gilead* (New York: Farrar, Straus, & Giroux, 2004).

19. John Piper, "God's Glory Is the Goal of Biblical Counseling," *Journal of Biblical Counseling* 20 (2002년 겨울호): 13, 17.

목회자, 기도하는 상담가

1판 1쇄 인쇄 2023년 9월 15일
1판 1쇄 발행 2023년 9월 20일

지은이 데이비드 폴리슨
옮긴이 김진선
발행인 조애신
편집 이소연
디자인 임은미
마케팅 전필영, 권희정
경영지원 전두표

발행처 도서출판 토기장이
주소 서울시 마포구 동교로 71-1 신광빌딩 2F
출판등록 1998년 5월 29일 제1998-000070호
전화 02-3143-0400
팩스 0505-300-0646
이메일 tletter77@naver.com
인스타그램 togijangi_books_

ISBN 978-89-7782-507-9

- 이 책은 저작권 법에 따라 보호를 받는 저작물이므로 무단 전재와 무단 복제를 금합니다.
- 이 책의 전부 또는 일부를 이용하려면 반드시 저자와 도서출판 토기장이의 동의를 받아야 합니다.

도서출판 토기장이는 생명 있는 책만 만듭니다.
"우리는 진흙이요 주는 토기장이시니 우리는 다 주의 손으로 지으신 것이니이다" (이사야 64:8)